部屋で楽しむ

テラリウム

つくる・育てる・癒される

佐々木浩之　戸津健治

緑書房

Contents

Chapter.1 テラリウムのレイアウト集

Chapter.2 テラリウムをつくってみよう

Chapter.3 テラリウムに映える生きもの100選

水草

両生類・魚類・甲殻類・貝類

Column

ようこそ、
インドアグリーンの世界へ――

人は身近な環境から日々影響を受けています。室内に花や観葉植物を1つ置くだけで、空間の雰囲気ががらりと変わって、心が少し軽くなる―誰しもそんな経験があるのではないでしょうか。反対にゴミが散らかっていたら粗雑になるかもしれませんし、無機的なデジタル世界では心を閉ざしがちになるかもしれません。しかし、自然の美しさに接することで心がささくれ立つ人はあまりいないでしょう。

身のまわりに気持ちのいいものや美しいものを置きたいという願望は普遍的なものであり、その方法の1つとして、暮らしの空間を植物で彩る「インドアグリーン」が注目されています。緑による癒し、手軽なインテリア、生きものの成長から得られる充実感、珍しい植物を集めるマニアックな楽しみ、飾りつけの工夫に伴う創造的思考……。インドアグリーンに求めるものは人それぞれですが、自然の生命がもたらしてくれる安らぎは、私たちにとってかけがえのないものです。本書は、そのインドアグリーンのカテゴリーのなかでも、特に生きものの息吹を濃密に感じることができる「テラリウム」「アクアテラリウム」「パルダリウム」「ビバリウム」の魅力に迫ります。これらは主にヨーロッパで始まった室内観賞型の趣味であり、ガラス素材の容器に珍しい小型植物を植えて観賞したり、生きものを育てて観察したりして古くから楽しまれてきました。そして、限られた空間内で生きものを育て、見事に調和した小さな自然をつくりあげていく楽しみが世界各地に広まり、時代とともに様々な工夫によって進化を遂げていきました。

本書では、「アート」とも言えるレイアウト水槽の数々、テラリウム制作の基本手順、テラリウムで育てられる生きものたちの魅力をビギナーにもわかりやすく紹介していきます。目にやさしい緑、命の源である光・水・土、生きものたちの共存共栄のダイナミズムを感じながら、テラリウム / アクアテラリウム / パルダリウム / ビバリウム制作のヒントを見つけてください。

テラリウム／*Terrarium*

テラリウムはイギリス・ロンドンが発祥とされています。Terra とはラテン語で陸、Rium が場所ですので、直訳すれば陸地という意味です。テラリウムは容器内で「植物だけ」を育成しながら観賞します。日本では 1970 年代に多肉植物の元祖とも言えるサボテンの仲間が流行し、カラフルなカラーサンドが敷かれたおしゃれなガラス容器にミニサボテンが植栽され、販売されていました。テラリウムの先駆け的存在です。テラリウムでは、蓋がないオープンな容器、あるいは密閉型容器が使用され、サイズも大小様々なものが活用されています。植物の基本種としては、熱帯性の小型観葉植物が多く、近年では多肉植物やコケを主体とした楽しみ方（コケリウムとも呼ばれる）も提案されています。テラリウムは、おしゃれなグリーンインテリアとして園芸の世界でも注目されるようになり、今では園芸の１カテゴリーとして定着し、個性あふれるレイアウトが制作され、より自然に近い植栽が楽しまれています。

アクアテラリウム／*Aquaterrarium*

アクアテラリウムとは水辺のレイアウト技法のことで、オランダの水族館が始まりとされています。最初は大型のものが主流でしたが、今では手軽な小型水槽でも楽しめるようになりました。似た用語にアクアリウムがありますが、これは Aqua（水）＋ Rium（場所）で、基本的には水中だけの世界を指します。アクアテラリウムは Aqua（水）＋ Terra（陸）＋ Rium（場所）ですので、水中と水際の陸地の融合を水槽内で再現します。水中と陸地の比率に決まりはなく、レイアウトアイテムの石や岩、流木の組み方、植物の種類などによって変わります。アクアテラリウムでは水が常に使えるため、水中ポンプを用いて陸地に滝をつくったり、霧を噴霧したりと様々な演出が施されています。熱帯性の植物や日本産の山野草などが植えられ、水中では主に小型熱帯魚や日本産淡水魚が飼育されます。日本では 1980 年代からアクアリウムショップで提案されてきました。

パルダリウム／*Paludarium*

パルダリウムはアクアテラリウムと同様に主に水槽を用いて制作されるレイアウトパターンの１種であり、植物を基調とします。170年ほど前にオランダで登場しました。Palus（沼）＋Rium（場所）が語源で、主に熱帯雨林のジャングルをイメージしたエキゾチックプランツを配置します。本場オランダでは背の高い水槽が利用され、土壌に根を下ろさずにほかの樹木の上や岩盤などに根を張って生活する着生植物や美しい花が咲く野生蘭、ティランジアが主に装飾されています。またオランダ式では、本体のメイン水槽に小型水槽を併設し、その小型水槽を利用して降水装置をつくり、熱帯雨林特有のスコールがタイマーにより降り注ぐリアルな環境が再現されたりもしています。パルダリウムでは基本的には動物を入れませんが、最近では熱帯ジャングルに生息する両生類(カエルの仲間)や有尾類(サラマンダーの仲間）を楽しむ愛好家も増えています。熱帯雨林のジャングルに息づく独特で珍しい植物とともに味わう雲霧帯の世界がパルダリウムの醍醐味です。

ビバリウム／*Vivarium*

ビバリウムはドイツ発祥で、主に爬虫類や両生類、有尾類が飼育されます。Viva(生きる)＋Rium(場所)、つまり生きものが住む場所ですので、もともとの概念としてはかなり広範なのですが、現在では爬虫類や両生類を導入した容器を指すことがほとんどです。主に水辺に生息する小型カエルの仲間や水陸両用で生活するサラマンダーの仲間、イモリの仲間などが飼育され、より生息地に近い環境のレイアウトが制作されています。爬虫類・両生類の飼育用品を開発しているメーカーからビバリウム専用のケージが発売されていますので、その利用が主流となっています。前面にスライド式の窓がついているケージや観音扉式のケージなど、それら動物種の管理に便利な工夫が施されています。シンプルなレイアウトが多く、後方と両サイドを自然素材の吸着材で囲み、植物を適度に植栽して、オープンスペースとなる水辺を確保する方法が一般的です。日本では30cmほどの小型ケージが主流で、１つのケージで１種類の動物の飼育を楽しんでいる愛好家がたくさんいます。

Chapter.1

テラリウムのレイアウト集

テラリウム／パルダリウム／ビバリウム／アクアテラリウム

まずは、プロが制作したレイアウトの数々を容器・水槽サイズ、使用されている主な植物などの名称、ポイントの解説とともに紹介していきます。植物だけを導入するテラリウムからスタートし、熱帯雨林の世界を水槽内に表現するパルダリウムへと進み、動物を飼育するビバリウム、水を張るアクアテラリウムへとステップアップしていきます。大きさ・形状など様々異なる空間に無限の世界が広がる、まさに「作品」と呼ぶにふさわしいこれらのレイアウトから、たくさんのヒントを見つけてください。

テラリウム /*Terrarium*

手前：ミルメコディア・ベッカリー、
奥：フィドノフィツム・ペランガスツム

テラリウム 01

○サイズ：直径 23 ×高さ 17cm
○植物：ミルメコディア・ベッカリー、フィドノフィツム・ペランガスツム
台座付きの円柱型アクリルケースで特徴的なアリ植物（アリの巣になる構造をしていて、アリと共生する植物）を楽しむテラリウム。植物との色合いの相性も良いベージュ色の細かい化粧砂に、見た目にも格好の良い飾り岩を配置して、シンプルに2種類のみ植栽。明るい窓辺に置いて楽しみたい。

テラリウム 02

○サイズ：幅 10 ×奥行き 10 ×高さ 10cm
○植物：ハエトリソウ（解説：p135、以後ページ数のみ表記）、エゾスナゴケ（p106）
塩ビ樹脂製のキューブ（立方体）ケースを使用。食虫植物のハエトリソウをメインに据え、ソイル（植物育成用に加工された天然の土を原料とした底床材）に植栽した小型テラリウム。緑色が強いエゾスナゴケと調和させている。

ハエトリソウは葉長 5 cm ほどの葉から小さな補虫葉（虫を捕らえる葉）を展開して成長する

株の中心部分から新芽を出して、ロゼット（地表に葉を平らに並べて伸ばす植物）特有の草姿に成長する

GEX

奥の背の高い植物がハチオラ・
サルコニオイデス

テラリウム 03

○サイズ：幅 12 ×奥行き 9 ×高さ 15cm
○植物：ハチオラ・サルコニオイデス、ハオルチア・スプレンデンス、ハオルチア・オブツーサ、エケベリアの１種
多肉植物の仲間を楽しむための小型テラリウム。爽やかな色合いの化粧砂を敷き詰め、赤系の小さな溶岩石をあしらうことで、植物と底砂の対比が鮮明になり、植物の緑がより美しく感じられる。

ハオルチア・オブツーサ

エケベリアの１種

アクセントにヒョウモントカゲモドキ
のフィギュア

植栽したパイナップルは小さく
つくられた本物の果実

テラリウム 04

○サイズ：直径 25 ×高さ 30cm
○植物：ミニパイナップル、ハナゴケ（イミテーション）
市販されているテラリウム専用の塩ビ樹脂円形型ケースを使用。ユニークな果実をメインにレイアウト。小さなテラリウムケース内に複数のパイナップルとイミテーションの明るいハナゴケが楽しい雰囲気で飾りつけられている。水水やりはほぼ不要。

ピグミーバイオレット

ウォーターローズ

最も大きな葉がヤマサキカズラ

テラリウム 05

○サイズ：直径 20 ×高さ 18cm
○植物：ヤマサキカズラ、ウォーターローズ、ピグミーバイオレット（p146）
アクアリウムプランツ（水草）の水上葉（水草が地上で見せる姿）を、人気の球体型ガラスケースに植栽したレイアウト。底砂には植物が根を張りやすいソイルを使用。常にソイルが濡れている環境で、ケース内にほどよい湿度が保たれている。

テラリウム 06

○サイズ：幅 30 ×奥行き 30 ×高さ 45cm
○植物：イワヒバ（p118）、セラジネラ sp. レッド、セラジネラ斑入り、クッションモス（p118）、カヤラン、ハイゴケ（p107）、キヨスミイトゴケ
高さのある水槽「クオリア 3045」を使用した立体感のあるレイアウト。特殊な強化発泡スチロール素材で制作されたジオラマ土台に、着生シダやコケ、着生蘭（カヤラン）を活着させた。垂れ下がる特徴のキヨスミイトゴケの雰囲気が、レイアウトにインパクトを与えている。

キヨスミイトゴケ

セラジネラ斑入り

イワヒバ

中央：セラジネラ sp. レッド、
左手前：ハイゴケ、右手前：クッションモス

ディクソニア・アンタルクティカ

12 時方向より時計回りに：フィカス・プミラ、
コウヤノマンネングサ、ヒメセキショウ、クモノスシダ、
中央にアスプレニウム、その下にホソバオキナゴケ

センタープランツを
アスプレニウムに変更

フィカス・プミラ

テラリウム 07

○サイズ：直径 25 ×高さ 25cm
○植物:ディクソニア・アンタルクティカ（p116）、アスプレニウム（p117）、ヒメセキショウ（p125）、クモノスシダ、コウヤノマンネングサ（p112）、フィカス・プミラ（p126）、ホソバオキナゴケ（p108）
円柱型ガラスケースで制作したエキゾチックテラリウム。センタープランツ（レイアウトの主役）に見応えのあるディクソニアをあしらい、奥から手前側にかけてテラリウム専用材粘土で傾斜を付けて各植物を植栽。気分によりセンタープランツの種類を変えてみれば違った雰囲気が楽しめる。

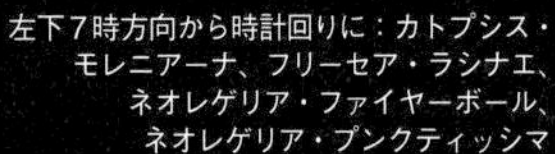

左下7時方向から時計回りに：カトプシス・モレニアーナ、フリーセア・ラシナエ、ネオレゲリア・ファイヤーボール、ネオレゲリア・プンクティッシマ

中央：クリプタンサス・グリーン、
右奥：クリプタンサス・ヴィタートゥス ミノール

テラリウム 08

○サイズ：幅 45 ×奥行き 30 ×高さ 30cm
○植物：フリーセア・ラシナエ（p129）、カトプシス・モレニアーナ（p128）、ネオレゲリア・ファイヤーボール（p128）、ネオレゲリア・アンプラセア（p127）、ネオレゲリア・プンクティッシマ、クリプタンサス・ヴィタートゥス ミノール（p131）、クリプタンサス・ノヴィスター、クリプタンサス・グリーン（p130）、ティランジア・レイボルディアーナ モラ（p129）、ハイゴケ（p107）、ツルチョウチンゴケ

ブロメリア科植物を多用した立体型テラリウム。緑色と赤色のブロメリアたちの存在感を際立て、個々の特徴を楽しめるように演出。高さのある2つの発泡スチロール材（トルマリンが散布される）に植物を着生させている。底面には、ツルチョウチンゴケの塊とハイゴケのシートを配置している。このレイアウトの制作手順は p092 で解説。

ティランジア・レイボルディアーナ モラ

テラリウム 09

○サイズ：直径 25 ×高さ 25cm
○植物：ミズスギ、コウヤノマンネングサ（p112）、アラハシラガゴケ（p108）、シノブゴケ
インテリアガラス容器「オーバル 25」にコケとシダを密に植えたテラリウム。インテリア性の高い木製台はハンドメイドで、照明も取りつけられる。コケやシダを育てるための培養土が敷かれていて、小さな空間で陰性植物（日照量が少ない場所でもよく生育する植物の総称）たちが状態良く繁茂している。

手前・背が高く少し明るい緑：ミズスギ、
左奥・右奥：コウヤノマンネングサ

左：ドッシノキルス・タートルバック、
右：マコデス・サンデリアーナ

手前：マコディエラ・アンフィシルバ、
奥（濃緑）ルドキルス・シータートル

アラハシラガゴケ

オオバノイノモトソウ

テラリウム 10

○サイズ：幅 45 ×奥行き 25 ×高さ 30cm
○植物：ドッシノキルス・タートルバック（p131)、マコディエラ・アンフィシルバ、マコデス・サンデリアーナ（p133)、ルドキルス・シータートル、オオバノイノモトソウ、アラハシラガゴケ（p108)

湿ったジャングルの林床（森林の地表面）をイメージ。水槽に腐葉土を敷き詰め、流木を組みながら左奥に配置。ドッシノキルス・タートルバックなどジュエルオーキッド（宝石蘭）をシンプルに植栽。枯れ葉の存在によってより自然な雰囲気に

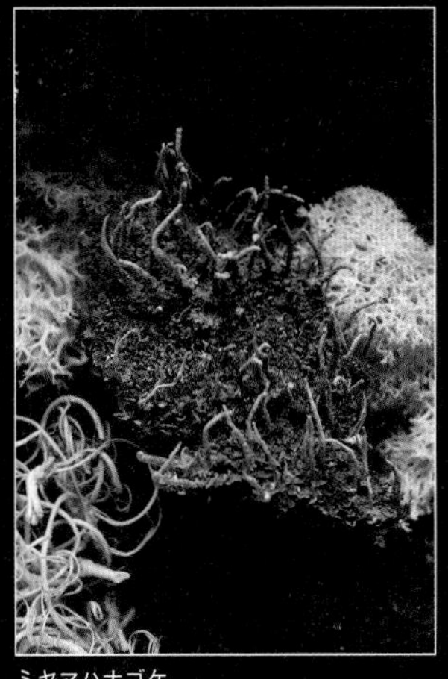

ミヤマハナゴケ

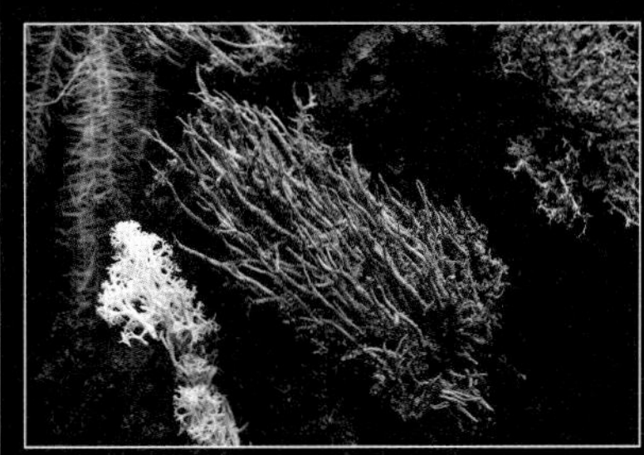

カラタチゴケ

サルオガセ

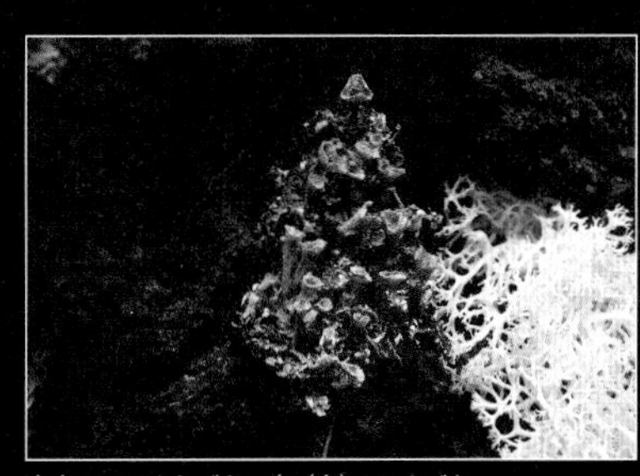

中央：コアカミゴケ、右（白）：ハナゴケ

テラリウム 11

○サイズ：直径 40 ×高さ 60cm
○植物：ミヤマハナゴケ、ハナゴケ、コアカミゴケ、カラタチゴケ、サルオガセ
大型の塩ビ樹脂容器を使用。中央の土台（溶岩を模した擬岩）は強化プラスチック材で制作されたもの。この擬岩に地衣類（菌類と藻類が共生して [共生関係を結んで] 1つの体を形成している複合体の総称）をつけて、怪しげな雰囲気を漂わせる独特の世界感に。涼しい場所に設置して、ほんの少しの湿度で維持できる。

パルダリウム /*Paludarium*

パルダリウム 01

○サイズ：幅 20 ×奥行き 20 ×高さ 20cm
○植物:ポトス、フィカス・プミラ ミニマ（p126）、フィカス・プミラ コアラ、クリプタンサス・ヴィタートゥス、タマシダ・ダッフィー、マコデス・ペトラ、シノブゴケ
水槽の背面に天然の植物育成土壌を盛りつけ、流木を配置し、熱帯植物を植栽した小型パルダリウム。20cm という小さな空間に特徴的な植物が生い茂る。育成用の土壌には、多くの水分が含まれていて、植物の株と根に潤いを与えている。底砂には市販のゼオライトが敷かれている。

上から眺めても
楽しめるレイアウト

ハイゴケ

上部：ガジュマル・
シャングリラ

パルダリウム 02

○サイズ：幅 20 ×奥行き 20 ×高さ 20cm
○植物：ガジュマル・シャングリラ、フィカス・プミラ（p126）、ヒノキゴケ、ハイゴケ（p107）
水槽中央部に洞窟のようなスペースをつくり、そのまわりを植物育成材で固めたレイアウトベースが土台となっている。このスタイルは、ビバリウムレイアウトの基本であるが、このレイアウトでは植物だけを楽しむためのパルダリウム方式を採用している。上からも横からも観賞でき、オープン型で楽しめるように考えられている。フィギュアで遊び心をプラス。

左上・中央下：ヒノキゴケ、
中央：フィカス・プミラ

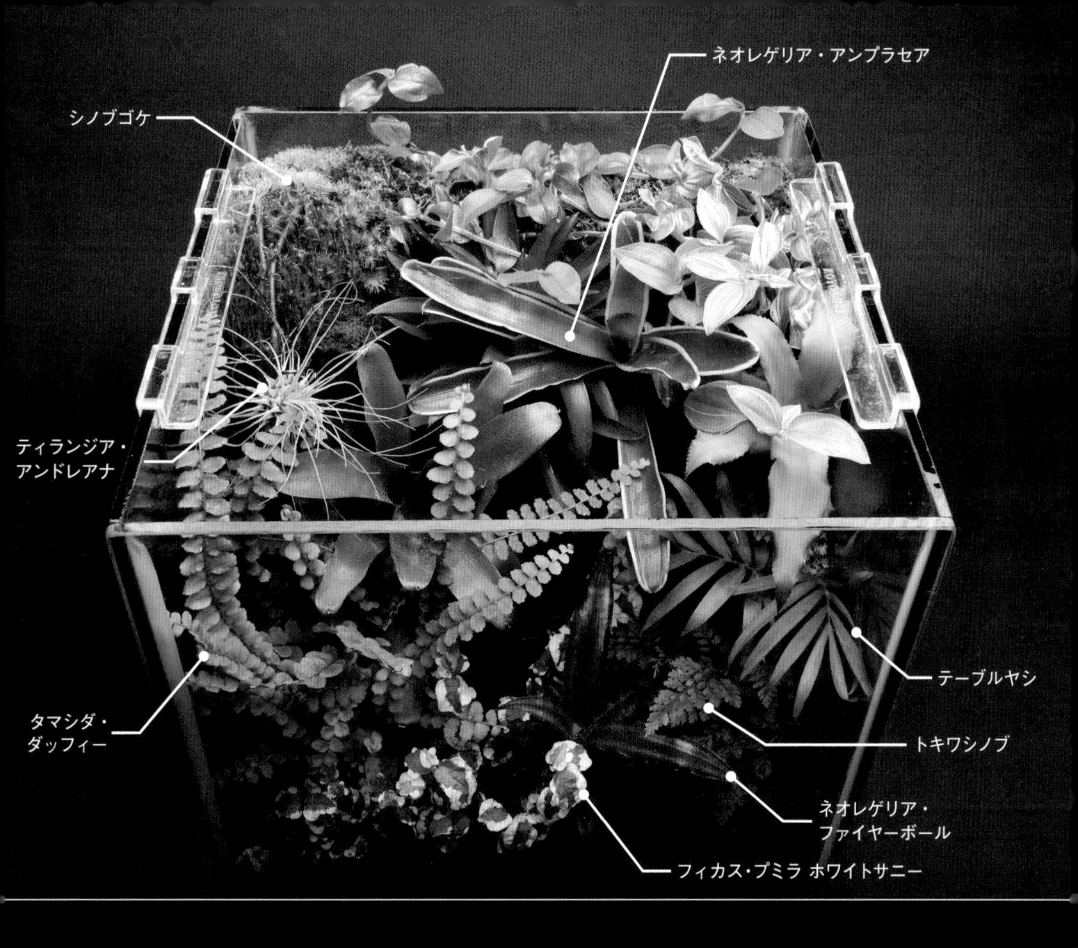
ネオレゲリア・アンプラセア
シノブゴケ
ティランジア・
アンドレアナ
テーブルヤシ
タマシダ・
ダッフィー
トキワシノブ
ネオレゲリア・
ファイヤーボール
フィカス・プミラ ホワイトサニー

パルダリウム 04

○サイズ：幅 15 ×奥行き 15 ×高さ 25cm
○植物：クリプタンサス・ヴィタートゥス ミノール（p131）、フィカス・プミラ ホワイトサニー、タマシダ・ダッフィー、ホソバオキナゴケ（p108）、シノブゴケ

高さを強調したレイアウトに便利な縦長の直方体水槽を使用。背面のみに植物育成用土が盛られ、シノブゴケをその全面に植栽。シノブゴケの濃緑の色彩から浮かび上がるようにして各植物の存在感が強調されている。枝流木はシンプルだが効果的に使われ、小型水槽にもかかわらず見応えのある世界感が広がっている。底面にニホントカゲのフィギュア。

フィカス・プミラ ホワイトサニー、背面にシノブゴケ

クリプタンサス・ヴィタートゥス ミノール

ティランジア・
レイボルディアーナ
クリプタンサス
南米ウィロー
グズマニア
ネオレ
ヘミグラフィス
ピペル
コケモモイタビ
フィッ

○サイズ：幅 30 ×奥行き 30 ×高さ 45cm
○植物:南米ウィローモス（p137）、クリプタンサス、ネオレゲリア、コケモモイタビ、フィットニア、グズマニア、ピペル、ヘミグラフィス、ティランジア･レイボルディアーナ

本場ヨーロッパのパルダリウムを意識して制作された縦長の壁面型レイアウト。前面のガラスはスライド式になっており、水槽の左下には底に溜まった水が抜けるように専用のバルブがついている。底砂には、ハイドロボール（粘土を高温で焼いて発泡させた玉状の人工土。土を使わず植物を栽培するハイドロカルチャー [水耕栽培] で使用される）とソイルが２層で使用され、水はけも良い。

パルダリウム 06

○サイズ：幅 15 ×奥行き 15 ×高さ 25cm
○植物：クロトン、ドラセナ・コンパクタ、クリプタンサス・ヴィタートゥス ミノール（p131）、ホソバオキナゴケ（p108）、シノブゴケ
オーソドックスな構成のパルダリウムレイアウト。比較的大きな株の植物と小型の匍匐性（枝や茎が地面を這うように伸びていく）植物を組み合わせることで、レイアウトのバランスがとりやすい。小型カエルが生息するような環境のため、レイアウトのアクセントとして極彩色のヤドクガエルのフィギュアを配置。

左：クロトン、右：ドラセナ・コンパクタ

パルダリウム 07

○サイズ：幅 45 ×奥行き 17 ×高さ 30cm
○植物：ポリシャス・バタフライ（p134）、ガジュマル、フィカス・プミラ ホワイトサニー、ピレア・グラウカ（p125）、ハイゴケ（p107）、アカハシラガゴケ、シノブゴケ
奥行きのない特殊なサイズのインテリアガラス水槽を用いて制作された背面型レイアウト。「植えれる君」（p097）というレイアウトアイテムに、シノブゴケを全体的に活着させ、所々に丸みのあるアカハシラガゴケが配置されている。形の良い枝流木が存在感を出し、自然の景観も演出されている。中央からやや左下の少し大きな葉がガジュマル。匍匐性のあるフィカスは成長が早いが、適度にトリミング（剪定）を行うことで、長期にレイアウトが維持できる。

中央：アカハシラガゴケの塊

フィカス・プミラ ホワイトサニー

シノブゴケ

ポリシャス・バタフライ

パルダリウム 08

○サイズ：幅 60 ×奥行き 17 ×高さ 30cm
○植物：アイビー、シルクジャスミン、フィカス・プミラ ミニマ（p126）、トキワシノブ、コツボゴケ（p111）、アラハシラガゴケ（p108）
パルダリウム 07 と奥行き・高さは同じで、幅が 15 cm 広がった水槽を使用。両側面に植物育成用土を盛土し、そこにコケと小型の熱帯植物を見事に調和しながら配置している。部分的にゼオライトの底砂を使用。斜めに設置された枝流木がレイアウトにインパクトをもたらし、その下に設けられた小さなオープンスペースによって、イメージに広がりが生まれている。植物の成長も計算されたパルダリウム。

コツボゴケ

中央上部・右下：ガジュマル、
その周囲：フィカス・プミラ コアラ

中央：フィカス・プミラ ミニマ、
その左・下：タマシダ・ダッフィー

パルダリウム 09

○サイズ：幅 60 ×奥行き 30 ×高さ 36cm
○植物:ガジュマル、フィカス・プミラ ミニマ（p126）、フィカス・プミラ コアラ
タマシダ・ダッフィー、ホソバオキナゴケ（p108）、シノブゴケ

前面角に曲げガラス加工が施されたオールガラス水槽を使用した、パルダリウムのスタンダードレイアウト。枝流木を中心に組んだ土台の周囲にふんだんに植えられた熱帯植物がそれぞれの存在感を主張している。適度なトリミングによって、景観が乱れないように管理されている。

パルダリウム 10

○サイズ：幅 45 ×奥行き 17 ×高さ 30cm
○植物：ペペロミア・アルギレア（スイカペペ）、ピレア・グラウカ グレイシー、フィカス・プミラ ミニマ（p126）、プテリス・ムルチフィダ、シノブゴケ

箱庭をモチーフにしたパルダリウム。水槽の後方上部にピレア・グラウカを繁茂させて、ほかの緑色植物との色彩の対比を狙ったレイアウト構成。底面の砂地には、シノブゴケは着生しながら繁茂して、その上を匍匐する植物が新芽を伸ばしている。植物の色合いを変えたパルダリウムも斬新で面白い。

ピレア・
グラウカ グレイシー
プテリス・
ムルチフィダ
フィカス・
プミラ ミニマ
ペペロミア・
アルギレア
（スイカペペ）

LeGLass KOTOBUKI

パルダリウム 11

○サイズ：幅 60 ×奥行き 30 ×高さ 36cm
○植物:ガジュマル、タマシダ・ダッフィー、クッションモス（p118)、フィカス・プミラ ミニマ（p126)、フィカス・プミラ コアラ、ピレアの仲間、ホソバオキナゴケ（p108)、ハイゴケ（p107)

幅 60cm のスタンダードサイズのオールガラス水槽を使用。本場オランダで古くから楽しまれてきたレイアウト技法を取り入れたパルダリウム。各所の盛り上がった土台が流木とうまく複合して基礎となり、そこに各種植物が生い茂る。レイアウトの基本に則り、大きな株の植物は後景上方に植栽し、株の大きくならない種類は中央部や前景の底面部に配置している。

ビバリウム /Vivarium

ビバリウム 01

○サイズ：幅 20 ×奥行き 20 ×高さ 20cm
○植物：ラカンマキ、アイビー、ホソバオキナゴケ（p108）
○動物：ベルツノガエル
20cm のサイコロ（キューブ）水槽と呼ばれる立方体で、両生類の人気種であるベルツノガエルの飼育を楽しむレイアウト。ベルツノガエルをより観賞しやすくするために、後方部に溶岩石と流木を組んで壁をつくり、手前にオープンスペースを設けている。

ラカンマキ

ベルツノガエル

イチタシダ
トキワトラノオ

ビバリウム 02

○サイズ：幅 30 ×奥行き 30 ×高さ 45cm
○植物：トキワトラノオ、イタチシダ、ピレア、ウィローモス（p136）
○動物：バンパイアクラブ・カリマンタンオレンジ（p157）
パルダリウムを楽しむために制作されたオリジナルのオールガラス水槽でのレイアウト作品（p032：パルダリウム 05 と同じ水槽）。水中に設置された小型の水中ポンプにより、水がくみ上げられ、水槽上部にあるシャワーパイプ（シャワー状に水が排出されるように多数の小さな穴があけられているパイプ）から注がれて背面を流れる構造。その工夫により、壁面の全面に着生している水生のコケ（ウィローモス）が乾かない。高い壁を小型のカニが登っていく姿が楽しい。

バンパイアクラブ・カリマンタンオレンジ

ビバリウム 03

○サイズ：幅 45 ×奥行き 45 ×高さ 45cm
○植物:ヒノキゴケ、シノブゴケ、ホソバオキナゴケ（p108)、ウィローモス（p136)、リシア（p137)、ノイバラ、ヒメイタビ（p127)、クマワラビ、コケモモイタビ、ホソバトウゲシバ（p121)、ホソバイノモトソウ
○動物：アカハライモリ（p150)
谷川の水辺に棲む有尾類のアカハライモリを飼育するために制作されたビバリウム。専用の床材と岩で壁面を組み、コケ類や山野草を植栽して自然の雰囲気を再現している。水中にろ過装置がついており、水中・陸地ともにアカハライモリが快適に暮らせる環境がつくられている。

アカハライモリ

ホソバトウゲシバ

ホソバオキナゴケ

ヒノキゴケ

ビバリウム 04

○サイズ：幅 60 ×奥行き 45 ×高さ 45cm
○植物：キューバパールグラス（p144）、フィカス・プミラ（p126）、ベゴニアの仲間、アルゴステマ・ダイアモンドリーフ、ヘミグラフィス、ラフィオカルパス sp.、エラトステマ sp.、ホマロメナ sp.、ゲスネリア sp. シルバーライン、アスプレニウム（p117）、ピペル、クリプタンサス、ハイゴケ（p107）
○動物：アイゾメヤドクガエル
ヤドクガエルが棲んでいる熱帯ジャングルのイメージが再現されたビバリウム。ヨーロッパのビバリウムレイアウトで多く使用されているコルク材の丸太が自然の雰囲気を醸し出し、そこに多数の熱帯植物が生い茂る。小さなカエルを観察しやすいように前面にオープンスペースが設けられている。

アクアテラリウム / *Aquaterrarium*

アクアテラリウム 01

○サイズ：直径 18 ×高さ 20cm
○植物：エキノドルス・オリエンタル、ロタラ・ロトンディフォリア、ロタラ・ワリッキー、ポリゴナム sp. レッド、バコパ・モンニエリ、イエローリシマキア、ルドウィジア・オバリス
テラリウムでもよく使用される円形オープン型のガラス容器に、水上葉の水草を寄せ植えたレイアウト。アクアデザインアマノから「侘び草」という商品名で販売されている水草を活用。水と光さえあれば、色とりどりの水草たちが育成に必要な用土玉に根を張りながら育つため、手軽に楽しむことができる。水草の成長とともに花も観賞できる。

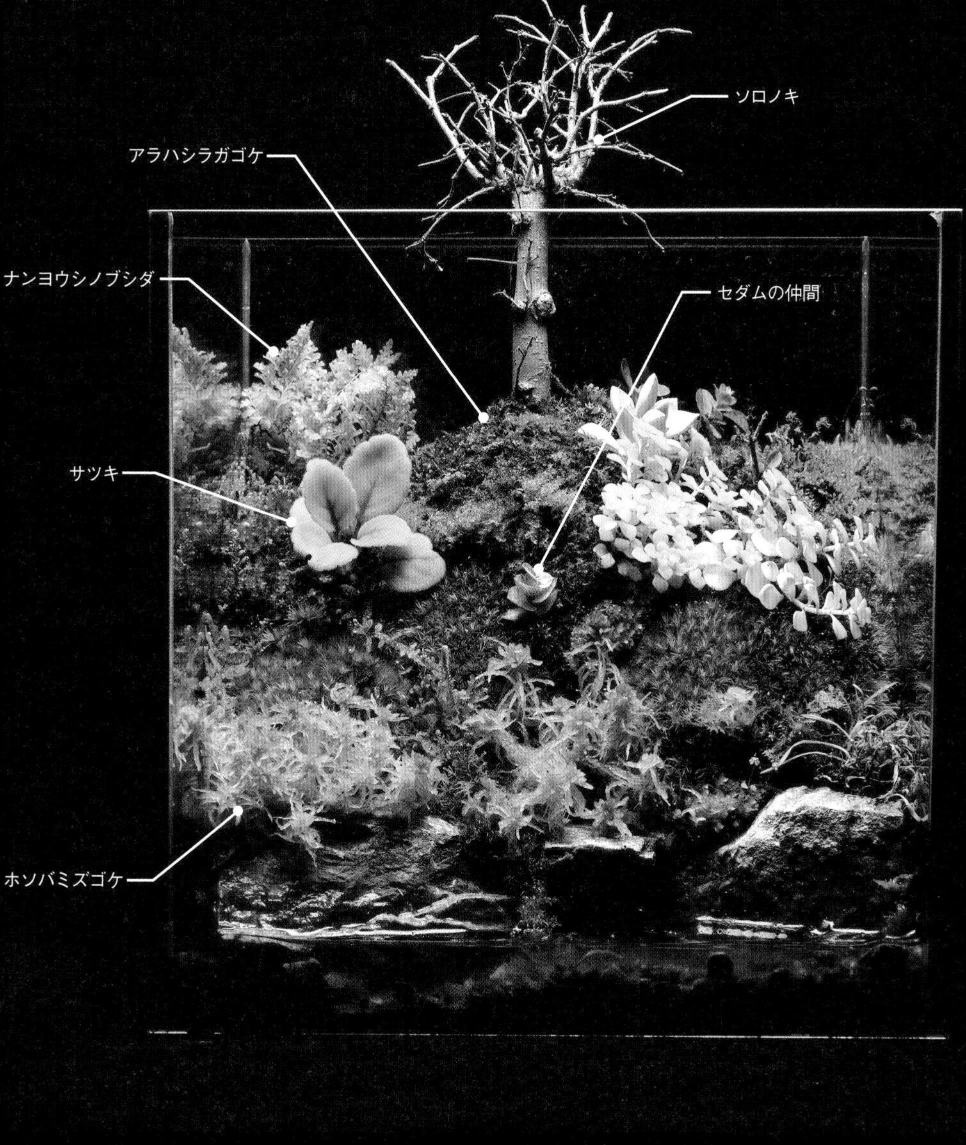

アクアテラリウム 02

○サイズ：幅 25 ×奥行き 25 ×高さ 25cm
○植物：ソロノキ、サツキ、ナンヨウシノブシダ、ホソバミズゴケ、アラハシラガゴケ（p108)、セダムの仲間

手軽に楽しめる 25cm のオープン型キューブ水槽を使用した水辺の風景。後部の盛り土には、吸水性のよいハイドロボールとオリジナルで配合された用土が使われている。コケで陸地を覆い、小ぶりの盆栽を植栽。小型でありながらかなりの高低を感じるレイアウトとなっている。

中央：ハコネシダ、
左：トヤマシノブゴケ

ナミガタタチゴケ

アクアテラリウム 03

○サイズ：幅 45 ×奥行き 30 ×高さ 40cm
○植物：ナミガタタチゴケ、ヒノキゴケ、トヤマシノブゴケ、コウヤノマンネングサ（p112）、ハコネシダ
流木を水槽内に最大限に組み込み、底面ろ過器でくみ上げた（ポンプアップした）水を細いチューブで各所から垂らし、コケに水分を与えている。流木につけたコケは、時間とともに自然環境のように広がって繁茂し、見事なモス（コケの英名）レイアウトとなる。

ヒノキゴケ

大きな水生ヤシ：南米アブラヤシ、小さな水生ヤシ：カーペンタリアヤシ、後景直立した流木右：オキナワキジノオ

アクアテラリウム 04

○サイズ：幅 45 ×奥行き 30 ×高さ 30cm
○植物：南米アブラヤシ、カーペンタリアヤシ、オキナワキジノオ、トキワシノブ、タマゴケ（p109）、コツボゴケ（p111）、ウィローモス（p136）、ミクロソルム・トライデントリーフ
○動物：ゴールデンデルモゲニー
アクアリウムのスペースである水中をメインとしており、マングローブルーツと呼ばれる塊の流木を後ろ側に組んで陸地をつくっている。水中の底床では、三葉虫の化石がレイアウトの見どころ。水中ろ過器からチューブで拡散された水が流木から染み出ているアクアテラリウムでは定番のセッティング。水面から突き出ている水生ヤシのインパクトも強い。

濃緑：ウィローモス、明るい緑：コツボゴケ

タマゴケ

ミクロソルム・トライデントリーフ

ゴールデンデルモゲニー

アクアテラリウム 05

○サイズ：幅 45 ×奥行き 30 ×高さ 45cm
○植物：シデ、セダムの仲間、カタヒバ、アラハシラガゴケ（p108）、ヒノキゴケ、シノブゴケ
アラハシラガゴケの美しい塊を陸地の高くまで飾り、高い湿度の環境でも育成が楽しめる多肉植物の小型種をポイントに置いたレイアウトで、アクアテラリウムの基礎的作品。雑木盆栽と呼ばれる植木苗が存在感を出している。水分を多く含むように配合された用土がコケ全体に潤いを与える。

ヒノキゴケ
カタヒバ
シデ
アラハシラガゴケ
シノブゴケ

アクアテラリウム 06

○サイズ：幅 45 ×奥行き 30 ×高さ 45cm
○植物:ケヤキ、ユキノシタ（p124）、チャセンシダ、アラハシラガゴケ（p108）、

アクアテラリウム 07

○サイズ：幅 45 ×奥行き 30 ×高さ 45cm
○植物：ケヤキ、セダムの仲間、アラハシラガゴケ（p108）、コウヤノマンネングサ（p112）、タチゴケ、シノブゴケ、ハイゴケ（p107）
小型の沢石を組み、水際と陸地を仕切ることで、植物を配置するテラリウムのスペースを広くしている。自然界の渓流域で見られるような光景を幅 45cm というサイズで再現。陸上植物の成長とともに、水辺の景観を存分に味わえる。

ケヤキの枝
シノブゴケ
タチゴケ

後景左：エノキ、右：ケヤキ

アクアテラリウム 08

○サイズ：幅 45 ×奥行き 30 ×高さ 50cm
○植物：エノキ、ケヤキ、マメヅタ(p122)、アラハシラガゴケ(p108)、ハイゴケ(p107)
アクアテラリウム向きに制作された、背面が高い特殊な形状のオールガラス水槽を使用し、「和」を意識した滝のあるレイアウトを制作。中央の滝は、程良い大きさに砕かれた沢石を崖のように垂直に接着。底面の中央部に小型の水中ポンプを設置し、水をくみ上げている。両サイドの陸地にはハイドロボールとオリジナル配合用土が２層に敷かれ、高さのあるアクアテラリウムがつくり出されている。

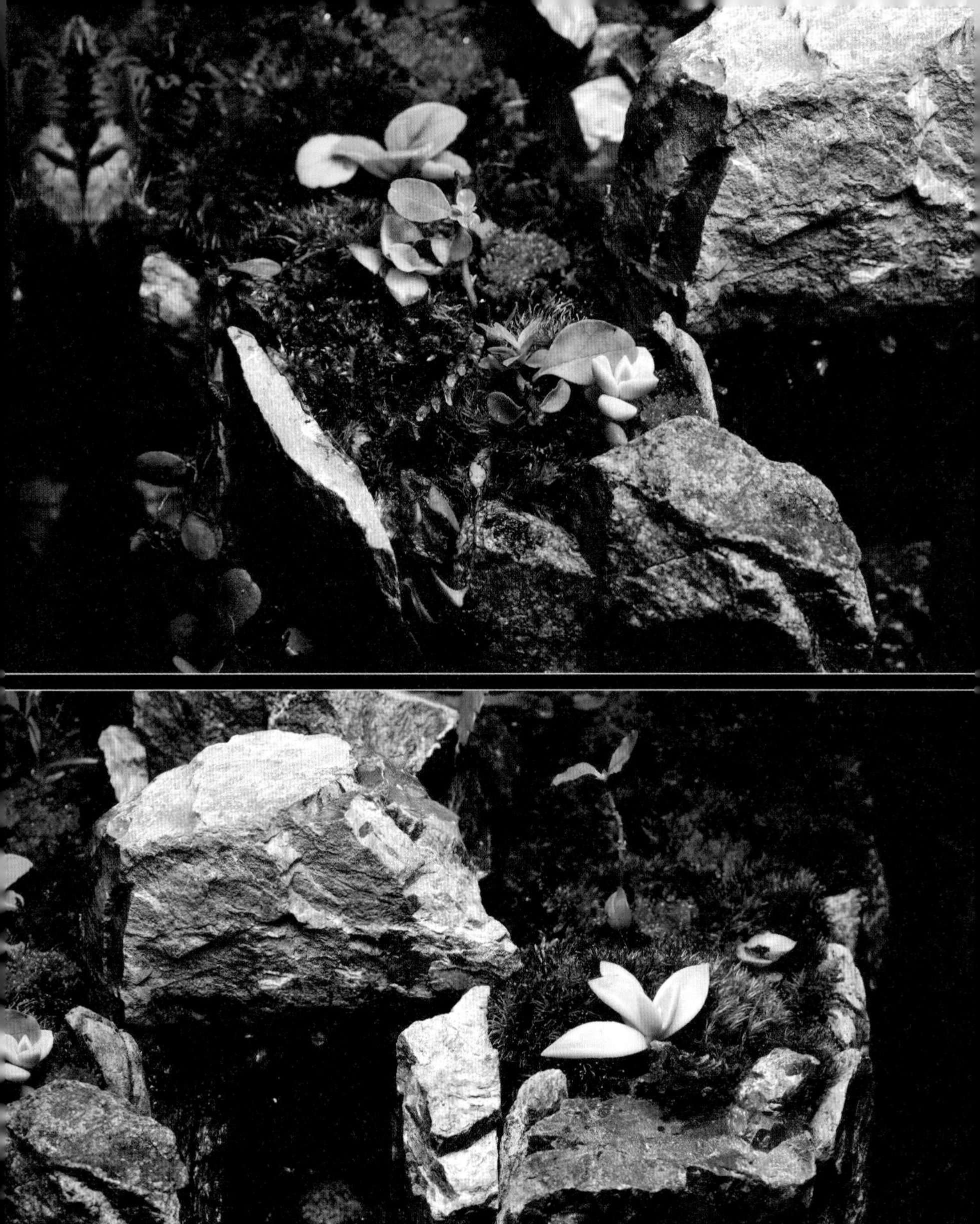

アクアテラリウム 09

○サイズ：幅 60 ×奥行き 45 ×高さ 45cm
○植物：ウィローモス（p136）、ハイゴケ（p107）、ブセファランドの1種、タキミシダ、アリダルム sp.、コケシノブの1種、アントロフィウム sp.、ボルビティス sp.
ビバリウム専用の水槽でレイアウトされたアクアテラリウム。正面のガラスが左右スライド式に開くようになっている。シリコンで背面に付けられた溶岩石がアクアテラリウム独特の風景を出しており、そこにコケや熱帯植物を着生させて楽しむ。水槽底面には水場がつくられており、小型の水中ポンプでろ過されている。崖などに着生して育つ植物を多用した、まるで自然の一部を切りとったようなレイアウト。

中央（明るい葉）：タキミシダ、
左下：アリダルム sp.

ブセファランドの１種

アクアテラリウム 10

○サイズ：幅 90 ×奥行き 45 ×高さ 45cm
○植物：テーブルヤシ、ドラセナ・コンシンネ、スパティフィラム（p123)、ブレクナム・シルバーレディ、ガジュマル・シャングリラ、クリプタンサス・ヴィタートゥス ミノール（p131)、タマシダ・ダッフィー、トラデスカンチア、ペペロミア・アルギレア（スイカペペ)、アヌビアス・ナナ（p138)、シノブゴケ、フィカス・プミラ コアラ、ティランジア（イミテーション）
幅 90 cm のやや大型のオールガラス水槽に制作されたアクアテラリウム。岩組みされた水辺に恐竜のフィギュアを設置して太古の昔を表現。ジオラマとアクアテラリウムの融合である「ジオリウム」となっている。恐竜の生きた時代に想いを馳せて楽しむ、自由で斬新な発想のレイアウト。

ドラセナ・コンシンネ
ティランジア
（イミテーション）
ブレクナム・
シルバーレディ
スパティフィラム
フィカス・
プミラ コアラ
テーブルヤシ
ガジュマル・
シャングリラ
タマシダ・
ダッフィー
クリプタンサス・
ヴィタートゥス ミノール
シノブゴケ

アクアテラリウム 11

○サイズ：幅 60 ×奥行き 45 ×高さ 45cm
○植物：アイビー、アグラオネマ・ファボニアン、クリプタンサス・ヴィタートゥス ミノール（p131）、ネオレゲリア・アンプラセア（p127）、アスプレニウム・ビクトリア、アヌビアス・ナナ（p138）、ニムファエア・ミクランサ、トヤマシノブゴケ
○動物：ブルーグラミー
熱帯魚の故郷をイメージして制作された水辺の風景。日本でも古くから楽しまれてきた基本的なスタイルで、水槽内側を囲むように人工的な陸地と壁面が設置され、そこに色とりどりの植物を飾りつける。底砂には、汚れを吸着するソイルが敷かれており、見えない部分に水中ろ過器が設置され、水中はいつも美しい水が流れている。

中央：クリプタンサス・ヴィタートゥス ミノール、
右：トヤマシノブゴケ

上：アヌビアス・ナナ、中央：ニムファエア・ミクランサ、
左上・右下：ブルーグラミー

アクアテラリウム 12

○サイズ：幅 60 ×奥行き 30 ×高さ 36cm
○植物:テーブルヤシ、フィカス・プミラ コアラ、アスパラガス・ナナス（p124）、カラディウム・カラテア、ペペロミア・アルギレア（スイカペペ）、ポトス、シンゴニウム・バタフライ、ハイゴケ（p107）、シノブゴケ、カモジゴケ（p109）
陸地となる場所を植物育成用土壌で大幅に盛り上げ、水中と陸地の境を青華石と呼ばれる飾り石で仕切り、レイアウトのベースがつくられている。大きめの流木を高い位置に組み込み、そのまわりにコケの仲間と熱帯植物を植栽。水中ポンプによりろ過された水が各所から流れるように設計されている。

ペペロミア・
アルギレア（スイカペペ）
シノブゴケ
アスパラガス・
ナナス

コニファーの仲間

ナンテン

アクアテラリウム 13

○サイズ：幅 90 ×奥行き 45 ×高さ 45cm
○植物：コニファーの仲間、ナンテン、ホソバオキナゴケ（p108）
○動物：リュウキン

幅 90cm のコーナー（前面角）曲げガラス水槽に制作されたジオラマ型のアクアテラリウム。インパクトのある大胆な岩組みの飾り岩はシリコンで丁寧に接着されており、水中と陸地が完全に分かれているため、植木扱いのコニファー類は土壌が乾いたら水を散布して育てる。水辺に取り付けられた橋や右奥に見える五重の塔、優雅に泳ぐ金魚の存在感により「和」の雰囲気に。あえてこのような人工的な空間をつくるのも面白い。

アスパラガス・
ナナス
テーブルヤシ
ガジュマル
シノブゴケ

中央：ガジュマル、左：テーブルヤシ

左上：スパティフィラム・ワリシー、
右上：フィカス・プミラ ホワイトサニー、
下：フィカス・プミラ ミニマ

アフリカン・ランプアイ

アクアテラリウム 14

○サイズ：幅 90 ×奥行き 45 ×高さ 45cm
○植物：ワイヤープランツ、アスパラガス・ナナス（p124）、クリプタンサス・ヴィタートゥス、ミクロソルム・クロコダイル、コーヒーの木、ガジュマル、テーブルヤシ、アスプレニウム・ビクトリア、フィカス・プミラ ミニマ（p126）、フィカス・プミラ ホワイトサニー、スパティフィラム・ワリシー、シノブゴケ、アヌビアス・ナナ（p138）
○動物：アフリカン・ランプアイ（p154）、ゴールデンテトラ
水槽内に遊び心あふれるアイテムを設置した作品。独特の岩肌の飾り岩を接着した大きな陸地が左右につくられ、高さを変えてレイアウトされている。夕陽のバックスクリーンにより、情緒ある雰囲気に、いろいろな想像が豊かに膨らむアクアテラリウム。

アジアンタム
ホソバトウゲシバ
ワイヤープランツ
シンゴニウム・
バタフライ
ホソバオキナゴケ
シシガシラ
西洋シノブ
フィカス・
プミラ
アスパラガス・
ナナス
マメヅタ
アヌビアス・
ナナ
ミクロソルム・
プテロプス

アクアテラリウム 15

〇サイズ：幅 25 ×奥行き 25 ×高さ 背面 30・前面 15cm
〇植物：アジアンタム（p114）、ワイヤープランツ、シンゴニウム・バタフライ、シシガシラ（p119）、西洋シノブ（p115）、ホソバトウゲシバ（p121）、フィカス・プミラ、アスパラガス・ナナス（p124）、マメヅタ（p122）、ホソバオキナゴケ（p108）、アヌビアス・ナナ（p138）、ミクロソルム・プテロプス（p140）

前面が低く、背面が高く設計されたアクアテラリウム専用の小型水槽を使用。この形状の水槽は高さを出す岩組みに特に向いている。このレイアウトでは底面ろ過器を設置し、ポンプでくみ上げた水を岩組みの背面に通したパイプから上部に送り、その水が滝となって中央部から流れ落ちる仕組み。静かな水の音を楽しめる。このレイアウトの制作手順はp.100で解説

ドラセナ・
コンシンネ
ネフロレピスの1種
ガジュマル
ラカンマキ
フィカス・
プミラ コアラ
シノブゴケ
ウィローモス
シンゴニウムの
仲間
コツボゴケ

アクアテラリウム 16

○サイズ：幅 30 ×奥行き 30 ×高さ 60cm
○植物：シンゴニウムの仲間、フィカス・プミラ コアラ、ラカンマキ、ガジュマル、ネフロレピスの１種、ドラセナ・コンシンネ、コツボゴケ（p111）、シノブゴケ、ウィローモス（p136）
○動物：チャイナバタフライプレコ
様々な大きさの溶岩石を水中から高い場所まで配置し、シリコンで接着したハイタイプのアクアテラリウム。水槽の底面奥に設置した水中ポンプと専用のパイプで上部に水をくみ上げて、下に流れ落とす仕組みとなっている。濡れた岩肌に活着して育つ水生コケの仲間（ウィローモス）が雰囲気のベースをつくり、上部には明るい色合いのシダや観葉植物が繁茂する。縦型のアクアテラリウムは日本発祥のレイアウト法。水中には水槽のガラス面や流木についたコケを食べてくれる、コイ目タニノボリ科のチャイナバタフライプレコを導入。

アクアテラリウム 17

○サイズ：幅 45 ×奥行き 30 ×高さ 30cm
○植物:ホソバオキナゴケ（p108）、コツボゴケ（p111）、ススキゴケ、ミズシダゴケ
大小様々な岩石に美しいコケを着生させ、シンプルに楽しむアクアテラリウム。透明度が高いオールガラス水槽を使用。あえて、ベアタンク(水槽に底砂を敷かない方法)でレイアウトを作成している。水中に小型の霧発生装置をセット。霧によって保水性のある岩石、そして繁茂するコケに水分を供給するとともに、幻想的な空間となる。

ススキゴケ

中央：ホソバオキナゴケ

ミズシダゴケ

霧発生装置

テラリウムの設置場所

小型のテラリウムは置き場所を選ばず、どこでも手軽に楽しめるという印象があるかもしれません。しかし､設置場所によっては長期で楽しめなくなってしまい、せっかくのテラリウム観賞も台無しになってしまいます。まず、季節によって場所を変えることが重要です。陽が差し込む窓辺では、春から夏にかけて気温が上がり、植物にダメージを与えてしまいますので、その季節はできる限り涼しい環境下で管理し、育成してください。秋から冬にかけては、昼間は窓辺の陽が当たる場所に置き、光合成を促進することで、寒い季節であっても育成が楽しめます。

アクアリウムとの融合であるアクアテラリウムでは、水中に紫外線が当たると厄介なコケ類の発生が活発になります。照明器具を活用し、できれば気温差が少ない環境に置いて楽しむようにしましょう。パルダリウムやビバリウムもアクアテラリウムと同様、できるだけ紫外線の影響を受けない場所に設置します。動物を入れている場合は、水槽もしくはケージ専用のパネルヒーターを用いるか、エアコンで室温管理を行い、動物が快適に暮らせる温度に設定する必要があります。

また、大型水槽に水をたっぷり張れば、相当の重量（例：幅60×奥行き45×高さ45cmなら130kgほど）になります。台が重量に耐えられず破損し、転倒するといったことが起こるとたいへん危険ですので、台の強度や水平性など安全面を十分に確かめたうえで水槽を設置してください。不安な場合は専用の水槽台が販売されていますので、それを利用するとよいでしょう。

陽の当たる窓辺で
光合成を促進

BARカウンターに置かれた
アクアテラリウム
（照明器具を使用）

Chapter.2

テラリウムをつくってみよう

Chapter.1 で紹介したレイアウトには、それぞれ個性的な世界が広がっていましたね。「こんなすてきなテラリウムを自分もつくってみたい！」と思ったでしょうか？　それとも「これはちょっと無理でしょ……」でしたか？　でも、大がかりで複雑なレイアウトを華麗に制作するプロもかつてはみんなビギナーでした。まずは簡単な作品に挑戦して、次第にステップアップしていったはず。ここでは、テラリウム制作の基本的な手順を紹介します。水槽、器具、材料、植物さえ揃えれば手軽にできるレイアウトからスタートし、徐々にステップアップしていきます。まずはこれを参考にレイアウトをつくってみて、次にアイデアやオリジナリティを盛り込んでいけば、きっとテラリウム制作が楽しくなるはずです。

アクアプランツテラリウム

Data　水槽：幅 21 ×奥行き 21 ×高さ 20cm
器具：LED 照明
材料：ソイル、飾り岩
植物：ロタラ･インディカ（丸太つき）、ヘアーグラス（丸太つき）、リムノフィラ・アロマティカ（丸太つき）、ミニテンプルプラント（丸太つき）、コブラグラス、ラージパールグラス

1　水槽に厚さ５cm ほどを目安にソイルを入れて、平らになるように手でならす。次にレイアウトアイテムとなる飾り岩の親岩を水草の配置場所を確認しながらバランス良く配置する。

※ソイル：天然の土を原料とした底床材（底砂）。主にアクアリウムで使用される。もちろんテラリウムでも活用可能。水質維持や水草の育成に便利で、各社から様々な機能の製品が販売されている。アクアリウムでは長く使われている材料。

2　高さのある丸太流木に美しく植栽されたロタラ・インディカを後ろ側から配置。高さのある物から配置することで、レイアウトのバランスが取りやすくなる。ここで、小さめの飾り岩を中央の両サイドに飾る。右サイドには、横型の丸太流木に植栽したミニテンプルプラントを置く。

3 左側のスペースには、細長い丸太流木に差し込んだヘアーグラスを置き、平たい丸太につけたリムノフィラ・アロマティカを前景部分に配置する。

4 前景の空いた中央部には、背丈が低く這うように成長するラージパールグラスのバラ株（1本1本の株）を先の細長いピンセットで丁寧に植栽する。最後に、前景用水草で知られるコブラグラスを適量の本数で右手前の飾り岩部分に植栽して完成。

（協力：永代熱帯魚・水草ファーム）

完成

小型の美しい花たちが咲き誇るアクアプランツの水上型テラリウムレイアウトは、水中では見られない水上葉と花の共演。短期間で底砂のソイルに根を張る。上方に伸びた茎は適度にトリミングして景観を損ねないように管理したい。あっという間に制作できる簡単アクアプランツテラリウムは、小型水槽でも十分に楽しめる。

※アクアリウムで使用する水草（アクアプランツ）のほとんどは陸上と水中で姿を変える。理由は陸上・水中のまったく異なる環境にそれぞれ適応するため。陸上（水上）での姿を「水上葉」、水中での姿を「水中葉」という。水上葉・水中葉の姿があまり変わらない水草もいれば、大きく変わるものもいる。このアクアプランツテラリウムでは水上葉を使用している。

— Column —

レイアウトの制作や維持・管理に必要不可欠な道具類

レイアウト制作時に用意しておくと便利な道具の代表格が「ピンセット類」。今では、様々な形状やサイズのものがホームセンターや100円ショップなどで販売されています。繊細な植栽時に役立つ先の細長い物から、太くて長さのあるピンセットまで店先にはたくさんの種類が並べられています。では、どんなピンセットを揃えておけばよいのでしょうか。もちろん、「用途に合ったもの」がその答えなのですが、使いやすさや持ちやすさを追及していくとキリがないのがピンセット。単純そうにみえて、実は奥深い道具なのです。ピンセットは様々な植物を植え込む際にとても便利ですし、植物のレイアウトを制作するうえでは欠かすことができません。あるいは、指が入らないような狭い場所のメンテナンス時にも大活躍します。ピンセットを使っていて、「なんかうまくいかない」「やりづらい」と感じる瞬間があれば、別タイプのものを試してみるのもよいかもしれません。

そしてもう1つなくてはならない道具が「ハサミ」です。伸び過ぎた茎や葉、レイアウト中に傷んでしまった葉などをトリミングするときに使います。刃先の細いハサミは細かい部分のカットに役立ち、刃先が細長い形状のハサミは隙間でのカットに最適です。専用のハサミがたくさん販売されているので、それぞれの特徴に注目しても面白いでしょう。

丸形容器や水槽で植物を育てるときに必要になるのが「霧吹き」。植物に潤いの水分を補給する道具であり、特に小型の容器では活躍します。ちなみに、一般的には水道水を用いますが、水道水にはカルシウム分が含まれているため、霧吹きで散布した後、葉や茎に白い付着物（カルシウム分）が残ることがあります。それを防ぐために、市販のミネラルウォーター（天然水）を散布することをおすすめします。

ガラス面などをメンテナンス（掃除）する用品では、「メラミンスポンジ」（水だけで汚れが落とせる特殊な素材）が簡単に手に入り、傷のつきやすい素材のアクリルケースからガラス素材の水槽まで幅広く活用できるため便利です。また、「スポイト」も用意しておけば、水槽底面のゴミの除去、ミニ水槽の水換えなど、ちょっとした掃除に便利です。

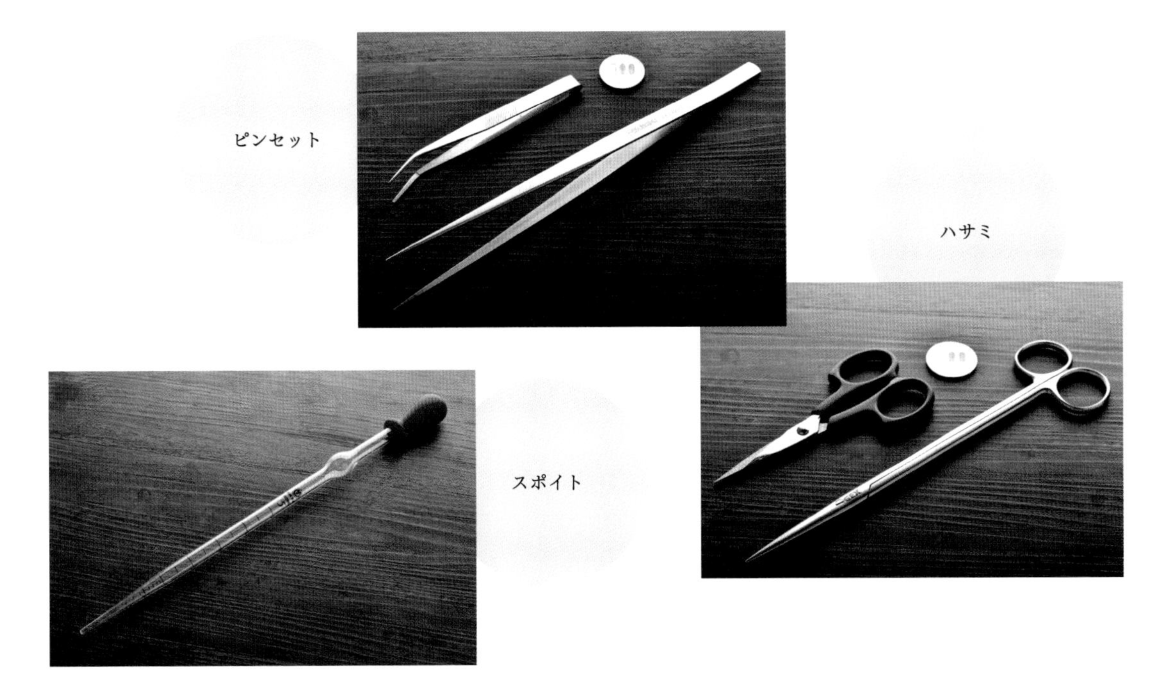

ピンセット

ハサミ

スポイト

ブロメリアを楽しむテラリウム

Data　水槽：幅 45 ×奥行き 30 ×高さ 30cm
器具：LED 照明
材料：ソイル、ケト土
植物：フリーセナ・ラシアエ、カトプシス・モレニアーナ、ネオレゲリア・ファイヤーボール、ネオレゲリア・アンプラセア、ネオレゲリア・プンクティッシマ、クリプタンサス・ヴィタートゥス ミノール、クリプタンサス・ノヴィスター、クリプタンサス・グリーン、ティランジア・レイボルディアーナ モラ、ハイゴケ、ツルチョウチンゴケ

1 レイアウトに使用する着生植物を特殊な発泡スチロール材につける際や、着生させた株の発根促進材として使うために園芸用のケト土を活用する。水分を加えながら粘り気が出るまでケト土をこねておく。使う量を丸い塊でつくっておくと、効率良く作業が進む。

※ケト土：水辺の植物が枯れて水底に堆積され、時間とともに粘土状に炭化したもの。

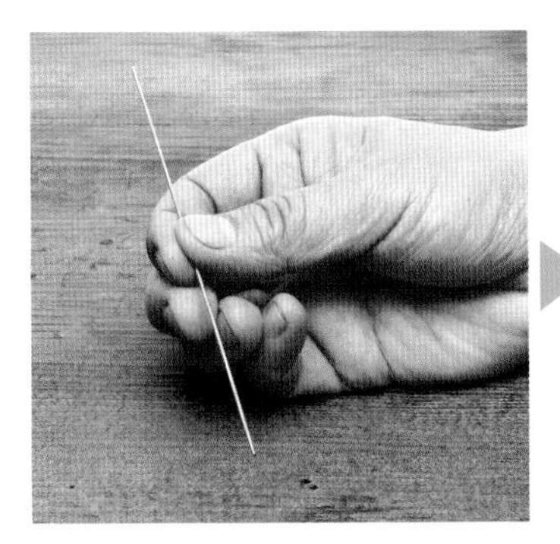
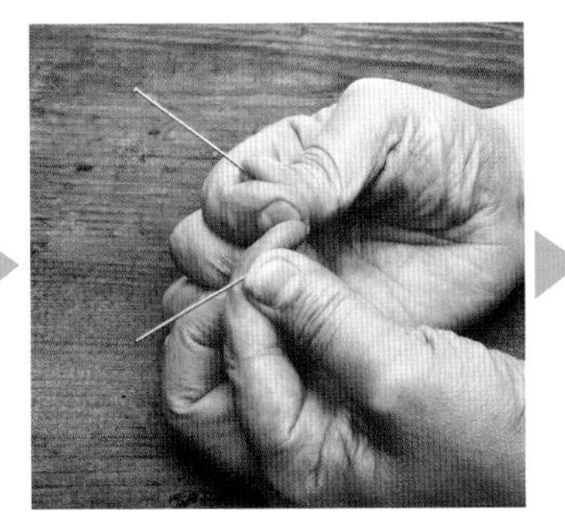
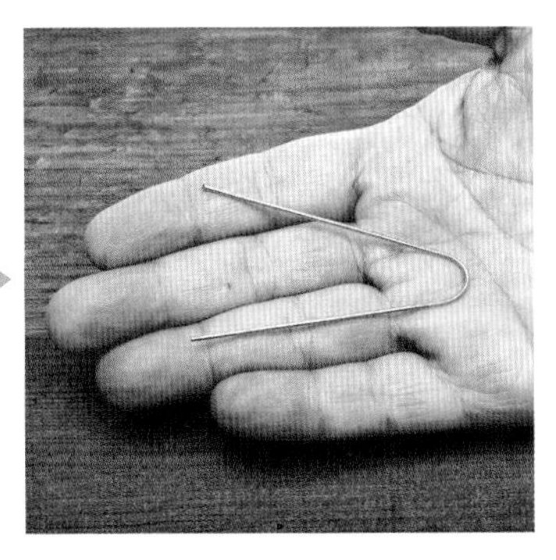

2 造形した特殊な発泡スチロール材に植物を固定するときに役立つのがハリガネ。適度な長さにカットしたハリガネをU字型に曲げて使用する。

3 バランス良く株を配置しながら、U字ピンを発泡スチロール材に差し込んで着生型は完成。このときにきつく差し込まないように注意する。根が出る株の元となる箇所にケト土をつけて、さらに固定すると安定する。

4 レイアウトのメインとなる2つのアイテムを水槽内にバランス良く設置。その後、底砂となるソイルを全面に敷き詰め、全体を見栄え良く平らにする。ソイルを敷き詰めたら、霧吹きで軽く全体を湿らせておくと良い。

5 底面には、ハイゴケのシートとツルチョウチンゴケの塊を設置。底面をコケで埋め尽くすようにレイアウトを施して、細かい隙間などもピンセットを用いて埋めていくようにする。レイアウト中は、植物が乾燥しないように霧吹きで水分を補う。前景のコケの隙間に、小型の株であるクリプタンサスやティランジアを植栽してレイアウトの出来上がり。

（協力：TOP インテリア・奥田信雄）

独特の草姿をもちながら比較的乾燥にも強いブロメリアの仲間だけで制作するテラリウムは、特徴である葉の形状や色彩が魅力的であり、１種類ずつの葉の特徴を長期に楽しめる空間が出来上がる。強い光量の照明下では、この仲間独特の開花も観賞できる。

※ブロメリアはパイナップル科の学名（*Bromeliaceae*）からとられた言葉で、その科の植物の総称。パイナップル科はアナナス科またはブロメリア科ともいう。

種から発芽させるテラリウム

Data　水槽：幅 30 ×奥行き 30 ×高さ 30cm
材料：造形君、植えれる君、溶岩石
植物：カーペットプランツ、ショートヘアーグラス（「プレミアムシード」と呼ばれる植物の種を使用）

1　用意した「造形君」は造形用の特殊なテラリウム専用用土。天然素材でありながら、水を合わせて練ることで固まるようにできている。水を加えながら、適度な硬さになるまで混ぜ合わせる。

2 水槽の背面と両サイド面にあらかじめ水槽に合わせてカットした「植えれる君」（壁面を制作する際に使用するレイアウトアイテム）を立てかけ、背面と両サイドのガラス面に練っておいた「造形君」を貼りつけていく。

3 最後に水槽の底面にも造形君を敷き詰め、レイアウトに立体感を演出する溶岩石を設置してレイアウトの土台が完成。「プレミアムシード」を全面にまんべんなくつけていく（ムラのないように付着させる）。

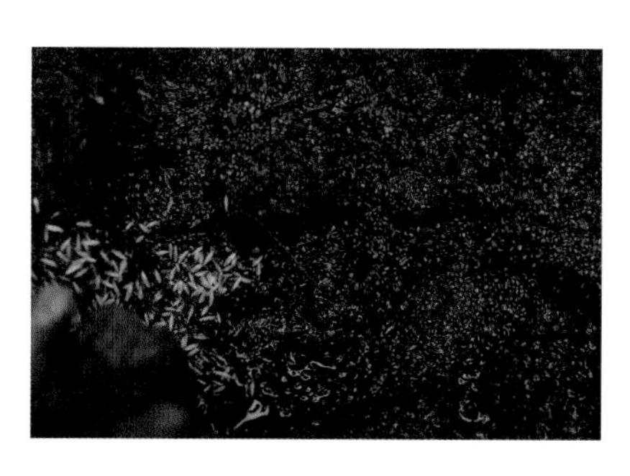

4 場所によっては、多少背丈があるショートヘアーグラスの種を多く撒いてボリューム感を出すようにする。また、密に成長するカーペットプランツの種も、壁面で多く繁茂させたい箇所には少し多めにつけると良い。

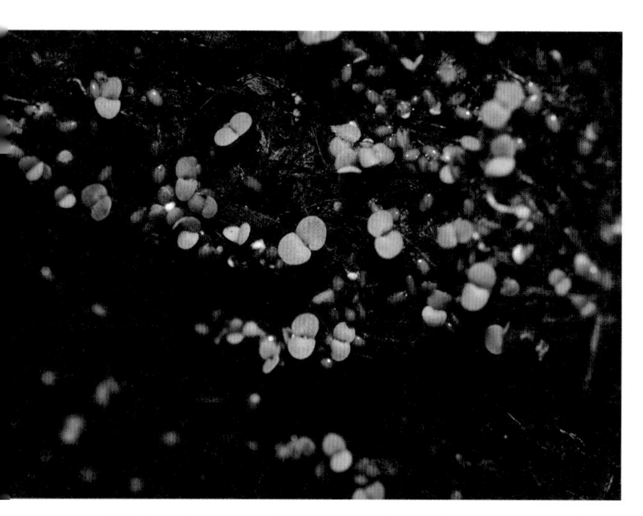

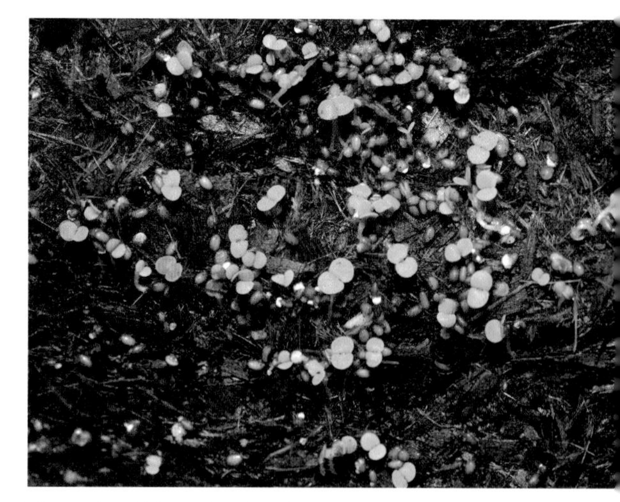

5 種をつけて霧吹きで湿度を保つと数日後には発芽する。微小な葉がいくつも開き、成長も同時に楽しめる。このときの注意点としては、強い光源で成長を促進すること。そして冷やさない環境に置くことで、早く発芽してきれいに育ってくれる。

完成

レイアウトを制作してから10日後ほどの景観。所々で発芽した葉が繁茂しつつあり、30cmというごく小さな空間内に自然の息吹がもたらされている。

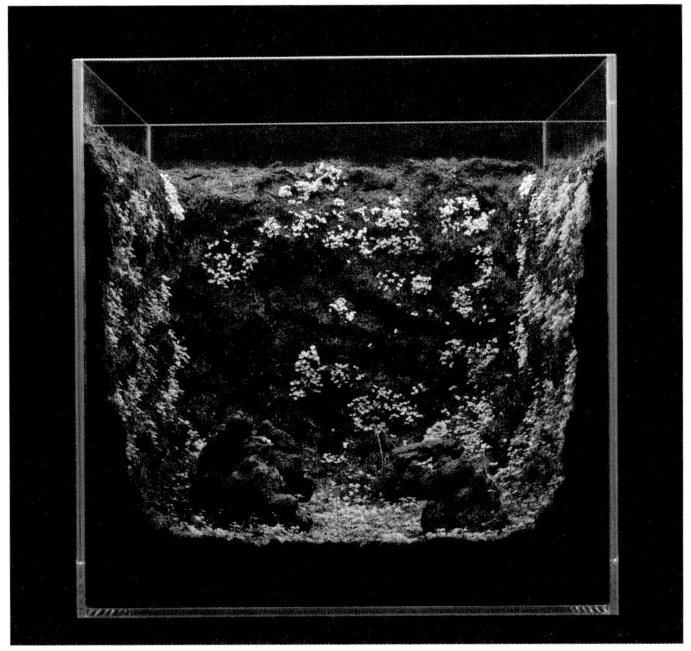

（協力：（有）ピクタ）

20日後

滝のあるアクアテラリウム

Data　水槽：幅25×奥行き25×高さ 背面30・前面15cm
器具：SQ-10水中ポンプ、バイオフィルター底面ろ過
材料：ソイル
植物：アジアンタム、ワイヤープランツ、シンゴニウム・バタフライ、西洋シノブ、ホソバトウゲシバ、フィカス・プミラ、アスパラガス・ナナス、マメヅタ、シシガシラ、ホソバオキナゴケ、アヌビアス・ナナ、ミクロソルム・プテロプス

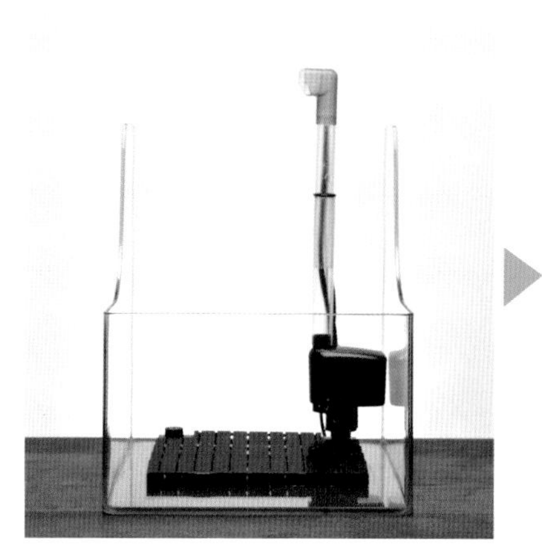

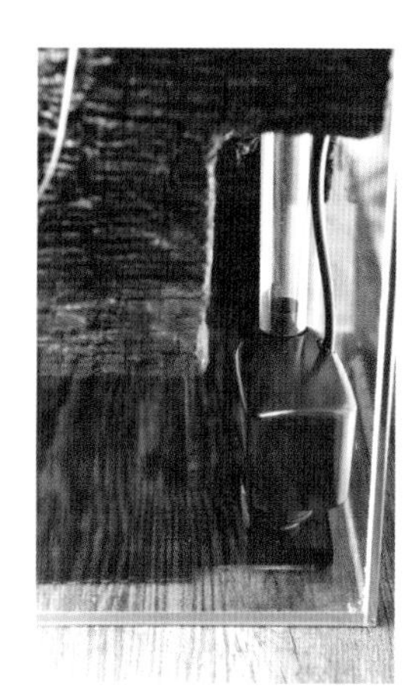

1 アクアテラリウム専用に制作された背面と前面の高さが異なる特殊な小型ガラス水槽に、底面ろ過（フィルター）と水中ポンプを接続して奥側にセット。底面ろ過とは、水槽の底に敷いたフィルターでろ過を行うシステム。フィルターを通った水は水中ポンプでくみ上げられ、パイプを通って水槽上部へ送られる。そのように上下に水を循環させながらろ過を行う。このレイアウトでは、黒の強化発泡スチロール材を水槽サイズに合わせて自作。発泡スチロール材の表面を岩肌のようにし、滝を形づくっている。その中にパイプの通り道をつくり、ポンプアップした水がパイプの吐出口から滝に流れ込む構造。

2 ソイルを底面ろ過が隠れるくらいまで少し厚めに敷き詰め、手前側から奥にかけて平らにならす。これでハードの部分はセット完了。

3 発泡スチロール材に植物をつけやすくするために、粘着力のあるケト土を準備して、植物の根元にあらかじめ団子状につけておく。ケト土は、多くの水に濡れると溶け出してしまうので、植物を飾りつけるときは水に濡れない箇所を選んで着生させると良い。

4 植物をつけ終わったら、水槽に水を張る。入水時に底のソイルが舞わないように注意しながらゆっくり注ぐようにしたい。水中ポンプの電源を入れてレイアウトの完成。

（協力：TOP インテリア・奥田信雄）

完成

アクアリウムの部分では、水草を植えても良いし、小型魚などを泳がせて楽しむこともできる。涼しげな見た目のアクアテラリウムは、滝の落ちる音や着生した植物の成長が楽しめる癒しの水辺となる。

植物育成に必要な光源

植物が元気に育つためには、光合成が欠かせないことは言うまでもありません。したがって、インドアグリーンを楽しむためには、光の環境づくりが最も重要になります。水を入れないテラリウムは、窓辺の紫外線が入る環境で問題なく育成・管理が可能です。しかし、太陽光が入らない場所で楽しむ場合では、照明器具が必要になってきます。

植物を育てるための照明として、かつては蛍光灯が最も多く使われていました。その後、LED照明が登場し、家庭でもすっかり定着しましたが、同じようにアクアテラリウムやパルダリウムでも今やLEDが主流となっています。アクアテラリウムやパルダリウムを提案するショップでは、植物育成のための優れたLED照明が扱われていて、水槽サイズに合ったものを豊富な種類のなかから選ぶことができます。ポイントとして、部屋や水槽の雰囲気に合った色や形のものを選ぶことはもちろん大切なのですが、最大の目的は「光合成」の促進であり、植物に有益な明るさがなければなりません。それではどんなワット数を選べばよいのかといえば、植物を収容する容器によって変わってきますが、基本的な目安としては幅30cmサイズで10～15W、幅60cmサイズでは40Wを用意したいところです。光源不足では、どんな植物でも成長に支障をきたしてしまいます。葉の色合いが悪くなり、矮小化が進んでしまうほか、茎の間が伸びてしまう、いわゆる「間伸び」という現象が起きてしまい、成長不良を起こしてしまうのです。

不適切な光の選択によって、植物本来の美しさや成長の過程が観察できないとすれば、とてももったいないですね。照明環境が植物育成に適切かどうか、今一度チェックしてみてください。

透明な素材により
工業製品感が薄い
タイプのLED照明

Chapter.3

テラリウムに映える生きもの 100選

コケ植物 ／シダ植物／観葉植物 ／水草 ／両生類・魚類・甲殻類・貝類

ここでは、テラリウムにおすすめの生きものを100種に絞って紹介していきます。主にビギナー向けをピックアップし、それぞれの特徴や育てるうえでの注意点などをまとめています。なお、植物については、コケ植物、シダ植物、観葉植物、水草の4つのグループに仕分けしています。水草のなかにもコケやシダの仲間はもちろん存在しますが、アクアリウムの世界で「水草」として流通しているものは、コケやシダの仲間であっても「水草」の項目に含めています。「きれい」「かわいい」「かっこいい」がすべての始まりです。まずは美しい生きものたちの世界を覗いてみましょう。

コケ植物 *Mosses*

エゾスナゴケ

Racomitrium japonicum

○分布：北海道〜九州　○適応：低湿〜多湿　○育てやすさ：やさしい
○用途：テラリウム、アクアテラリウム
ギボウシゴケ科シモフリゴケ属。高山帯から低地の岩上やアスファルトの上などを好み、マットをつくる小型のコケ。古くから「苔盆栽」としても楽しまれてきた。乾燥に強く、陽当たりの良い環境では葉が縮れ、水分を吸収することで瞬時に葉が開く。春から秋にかけては美しい緑色で成長し、冬場では茶色くなり越冬する。

ハイゴケ

Hypnum plumaeforme Wilson

○分布：日本全土　○適応：多湿　○育てやすさ：やさしい
○用途：テラリウム、アクアテラリウム、パルダリウム、ビバリウム

ハイゴケ科ハイゴケ属。最も ポピュラーでコケ植物の代表格。コケを販売するショップでも人気が高く、「苔玉」にも使われている。自然界では、高地から人里などに自生が見られ、森林帯の地面から渓流近くの岩上などにマット状の塊を形成する。葉は三角形に成長するが、光量が弱いレイアウトでは1本の細い葉に萎縮してしまう。

カモジゴケ

Dicranum scoparium

○分布：本州、四国、九州
○適応：やや乾燥〜多湿　○育てやすさ：ふつう
○用途：テラリウム、アクアテラリウム、パルダリウム、ビバリウム

シッポゴケ科シッポゴケ属。山奥の渓流域の地面や樹皮上に大きな塊をつくりながら成長する美しいコケ。コケの販売に力を入れているショップで扱われている。色合い的には、明るい緑色を基調に薄暗い環境では濃い緑色に変化して育つ。茎と葉は上に向かって伸長し、基本的には分岐で増えていく。レイアウトでも使いやすいが、空中湿度が低下する環境では成長が止まってしまうので、湿度がある環境で楽しみたい。

タマゴケ *Bartramia pomiformis*

○分布：本州、四国、九州　○適応：やや多湿　○育てやすさ：やや難しい
○用途：テラリウム、アクアテラリウム

タマゴケ科タマゴケ属。やわらかい全草をもちながら、湿度の高い岸壁や斜面に自生する。ふんわりとした丸い塊を形成しながら、ときに人の頭ほどの塊をつくることもある。胞子を包む袋の形が玉状になるため「タマゴケ」と和名がつけられた。見た目にも繊細な葉の特徴をもつ。

ヒメシノブゴケ

Thuidium cymbifolium

○分布：日本全土
○適応：多湿　○育てやすさ：やや難しい
○用途：テラリウム、アクアテラリウムの水際、ビバリウム

シノブゴケ科シノブゴケ属。多湿を好むシノブゴケの小型種で、渓流域の岩上や湧水が染み出る水際に自生する。いくつもの細かい葉を展開し、三角形の葉姿で美しいマットを形成しながら育つ。寒い季節では黄色く変色するが、暖かい季節では透明感のある濃い緑色の草体で成長する。着生型で石や樹木などに匍匐枝をつけながら、分岐葉を広げる。

カマサワゴケ *Philonotis falcata*

○分布：日本全土　○適応：多湿　○育てやすさ：やさしい
○用途：テラリウム、アクアテラリウム、パルダリウム、ビバリウム

タマゴケ科サワゴケ属。山からの清らかな水の流れに着生して育ち、小さな塊からやや大きな塊となって水の流れに群落をつくる。明るい緑色の葉は、スポンジ状で水を弾く性質があり、水面に浮かせて楽しむこともできる。レイアウトでは、容易に育成しやすく、多くの葉が密につく姿は非常に美しい。過剰な蒸れに弱いので、できるだけ涼しい環境で使うようにしたい。

ホウオウゴケ *Fissidens nobilis*

○分布：本州、四国、九州　○適応：多湿　○育てやすさ：やさしい
○用途：アクアテラリウム、パルダリウム、ビバリウム
ホウオウゴケ科ホウオウゴケ属。鳳凰の羽を広げた様が和名の由来。濃い透明感のある大型の葉を着生茎から展開する。自然界では、常に水の滴る環境を好み、水際の岩に着生しながら自生する。また、アクアテラリウムの水中では沈水葉で成長するほか、滝の周辺などの石や岩に活着させて楽しむことも可能。自然界では、薄暗い環境に自生しているが、レイアウトでは強い光で育てることをおすすめしたい。
※沈水葉とは葉のすべてが水中にある状態。同義語に水中葉。対義語に浮葉（水面に浮かんでいる葉）。

コツボゴケ
Plagiomnium acutum

○分布：日本全土
○適応：低湿～多湿　○育てやすさ：やさしい
○用途：テラリウム、アクアテラリウム、パルダリウム、ビバリウム
チョウチンゴケ科ツルチョウチンゴケ属。森林帯の地面から湿度の高い岩上、人工的な壁面などにシート状の群落をつくり、季節によって葉の形を変える。寒い季節には茎が立ち上がり、暖かい季節に匍匐して成長するので、レイアウトでも使う用途によって本種の変化が楽しめる。葉は分岐しながら増えていき、照明器具でも美しい葉姿を観賞できる。

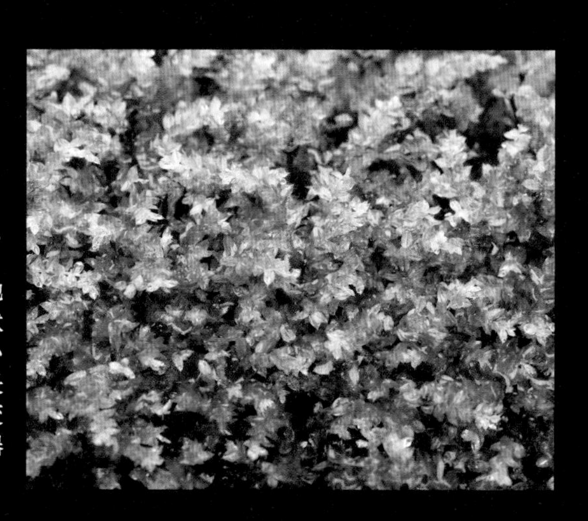

オオバチョウチンゴケ *Plagiomnium vesicatum*

○分布：本州、四国、九州　○適応：多湿　○育てやすさ：やさしい
○用途：テラリウム、アクアテラリウム、ビバリウム
チョウチンゴケ科ツルチョウチンゴケ属。１本の茎にいくつもの丸い葉を左右につけて、匍匐しながら繁茂する水生チョウチンゴケの仲間。渓流沿いの濡れた岩の上や、清水が流れる浅い半水中域に自生が見られ、透明感のある茎と葉が美しい。ときに、沈水葉で自生しているが、水槽内では育成が難しい。着生型なので、アクアテラリウムなどでは水の流れる場所で使える。
※着生植物（型）とは、土壌に根を下ろさず、樹木や岩などに根を張って生活する植物のこと。

コウヤノマンネングサ

Climacium japonicum

○分布：本州、四国、九州
○適応：多湿　○育てやすさ：ふつう～やや難しい
○用途：テラリウム、アクアテラリウム、ビバリウム
コウヤノマンネングサ科コウヤノマンネングサ属。コケとしては珍しい１本立ち型の大型の種類で、高さ 10 ～ 15cm ほどの枝先に細かい葉を密集させる特徴をもつ。自生地では、渓流近くの林床の腐葉土帯に地下茎を伸ばし、ランナー（地下茎）で茎を増やしていく。近年、テラリウムなどで注目され、販売するショップも増えている。レイアウトでは、光量が弱いと葉が矮小化してしまい、美しく育てることができないため、育成には紫外線を当てるか、強光量の照明器具を用意したい。

ヤナギゴケ *Leptodictyum riparium*

○分布：日本全土　○適応：多湿　○育てやすさ：やさしい
○用途：アクアテラリウム、ビバリウム
ヤナギゴケ科ヒメヤナギゴケ属。水中に適したコケの仲間なので、基本的にはアクアリウムの世界で多く流通している。別名「バブルモス」とも呼ばれる。水中での沈水葉が光合成した際､多くの気泡をつけることから、この名で呼ばれるようになった。湧水起源の種類であり、自生地では水上型と水中型で繁茂するが、基本的には透明感のある水中葉で繁茂している。着生型なので、石や流木につけて楽しめる。

ホソバミズゼニゴケ

Pellia endiviifolia

○分布：日本全土
○適応：多湿　○育てやすさ：やさしい
○用途：アクアテラリウム
ミズゼニゴケ科ミズゼニゴケ属。独特の色合いである水生ゼニゴケの仲間。主に水際でしか自生が確認されていない。本種は水を好むことから、半水中型で浅い水中にマットを形成するほか、場所によっては完全沈水型で硬い葉の塊を水中につくる。葉裏から仮根と呼ばれる黒い着生毛を出しながら、物につく性質をもつので、レイアウトでは岩や流木などにつけて育成できる。

シダ植物 *Ferns*

アジアンタム

Adiantum raddianum

○分布：世界の温帯～熱帯　○適応：低湿～多湿　○育てやすさ：やさしい
○用途：テラリウム、アクアテラリウム、ビバリウム
イノモトソウ科ホウライシダ属。一般的には園芸売り場でミニ観葉植物として販売されている。シダ観葉としても人気のある種類。日本にも同じ仲間である「ハコネシダ」や「ホウライシダ」が自生している。葉は薄くてやわらかく、空中湿度が低下することで縮れてしまうことがあるので、育成環境下では乾燥に気をつけたい。

西洋シノブ（ダバリアファン）*Davallia trichomanoides*

〇分布：熱帯アジア、オセアニア　〇適応：低湿　〇育てやすさ：やさしい
〇用途：テラリウム、アクアテラリウム
古くから観葉植物として流通してきたシノブシダの小型種。横に這う根茎は産毛に覆われ、新芽の葉をいくつも展開してシダらしい雰囲気を出してくれる。海外でも、古くからテラリウムに使われてきたダバリアの仲間は多く、特にこのトリコマノイデス種は人気。低い湿度でも容易に育ってくれるので、やや乾燥する箇所にも活用できる。
※根茎とは地下茎の１種。地中あるいは地表を這い、根のように見える茎。

ミクロソルム・リングイフォルメ
Microsorum linguiforme

〇分布：タイ
〇適応：低湿〜多湿　〇育てやすさ：やさしい
〇用途：テラリウム、アクアテラリウム、パルダリウム
ウラボシ科の中型シダの１種で、テラリウムプランツとして輸入された。硬い枝につく左右対象の楕円葉が特徴で、ミクロソルム属では珍しい存在。枝は流木などに着生しながら伸び、高さのあるレイアウトでは見応えのある成長が楽しめる。光量が弱いと葉が小さく細くなってしまうので、強光量で育成した方が良い。

ミクログランマ・ヴァクシニフォリア

Microgramma Vacciniifolia

○分布：南米　○適応：低湿　○育てやすさ：やさしい
○用途：テラリウム、アクアテラリウム、パルダリウム
南米大陸の熱帯雨林に自生する珍しい着生シダの１種。現地では、主に樹木に着生しながら枝を伸ばし、細長い葉を密集させながら繁茂している。ミクログランマ属は、ほかにも数種類が記載されており、小さな丸葉型の種類や、本種よりもさらに細長い葉をもつ特徴的な種類が海外のテラリウムで楽しまれている。

ディクソニア・アンタルクティカ *Dicksonia antarctica*

○分布：オーストラリア、ニュージーランド　○適応：低湿　○育てやすさ：やさしい
○用途：テラリウム
基本的には大型の木性シダ（樹木状になるシダ植物）の仲間であるが、栽培された小さな株が生産されているため、レイアウトでも使われるようになった。オーストラリアやニュージーランドといった熱帯地方原産であるが、春夏秋冬にかかわらず日本の屋外でも育てることが可能なほど丈夫。レイアウトでは、オープンスペースにピンポイントで植栽して、本種の存在感を演出したい。

アスプレニウム

Asplenium antiquum

○分布：九州、沖縄、台湾
○適応：多湿　○育てやすさ：やさしい
○用途：テラリウム、アクアテラリウム、パルダリウム

チャセンシダ科に属する大型シダの仲間。日本では九州南部や奄美大島、沖縄地方の各島々に分布が見られる。古くから観葉植物として販売されており、ミニポットでも小型の株が手頃な価格で販売されている。非常に丈夫なシダの仲間であり、大きく成長すると葉長が１ｍを超えることもある。水槽内の限られたスペースでは、環境に適応してあまり大きく成長しないため、90cm 以下の水槽サイズでも使いやすい。

アスプレニウム・ブルビフェルム *Asplenium bulbiferum*

○分布：オーストラリア、ニュージーランド　○適応：低湿〜多湿　○育てやすさ：やさしい
○用途：テラリウム、アクアテラリウム、パルダリウム

アスプレニウム属のなかでは、非常に繊細な葉をもつ種類。独特の容姿が人気となり、今では珍しい植物を扱っている専門店で販売されている。小型の株をテラリウムやパルダリウムで楽しむ愛好家も多い。育成環境に適応すると株の中心部分から次々と新芽を展開して、アスプレニウム属特有の葉先から小株を出して増えてくれる。

クッションモス *Selaginella spp.*

○分布：中米～北米　○適応：多湿　○育てやすさ：やさしい
○用途：テラリウム、アクアテラリウム、ビバリウム
海外の園芸では、古くからグランドカバーに多く使われてきたセラジネラの小型種。日本でも色彩違いのバリエーションが生産され、ホームセンターの園芸コーナーなどで販売されている。本種の流通名に「モス（コケの英名）」とつけられているのは、その見た目からコケの仲間に思えるからだと想像できる。草丈が高く伸びないので、レイアウトでは前景部に使える。

イワヒバ

Selaginella tamariscina

○分布：日本全土、東南アジア
○適応：低湿～多湿　○育てやすさ：やさしい
○用途：テラリウム、アクアテラリウム
江戸時代から古典園芸として楽しまれてきた種類。自生は寒い地域から温暖な地域の山間部渓流沿いに分布する。岩肌に硬い根を張りながら固着し、長い年月により木質を思わせる姿で立ち上がることもある。水分が足りないと葉が全体的に丸くなって休眠状態になり、多湿では常に葉が美しく開く。

シシガシラ *Blechnum nipponicum*

○分布：北海道〜九州　○適応：低湿〜多湿　○育てやすさ：やさしい
○用途：テラリウム、アクアテラリウム、ビバリウム
山あいの斜面などに多く自生が見られるヒリュウシダ属のブレクナムの仲間。日本固有のシダ植物で、その見た目からシダらしくない葉姿が展開し、低い湿度から高い湿度の環境まで適応して育ってくれる。暗めのレイアウトでも比較的容易に育つため、使いやすいシダとして注目されている。

カシワバシダ
Tectaria zeilanica

○分布：中国南部、ベトナム、インドネシア、インド、スリランカ
○適応：低湿〜多湿　○育てやすさ：やさしい
○用途：テラリウム、ビバリウム
近年、パルダリウムにテクタリア属のシダが多く用いられているが、日本産だけではなく、海外産の多くの記載種も販売されるようになった。この仲間独特の葉質をもち、渓流沿いの環境に根を張って成長しているため、レイアウトでも地植えで育てながら楽しむ。最近では、小型の株も販売されているので、小さな容器でも育てることができる。

ヒメカナワラビ *Polystichum tsus-simense*

○分布：福島県以南の本州〜九州、朝鮮半島、中国　○適応：低湿　○育てやすさ：やさしい
○用途：テラリウム、アクアテラリウム、ビバリウム
オシダ科である常緑のシダ植物。森林帯の地面に自生しており、大きく成長すると80cmほどになる大型種だが、小さくつくられた株も販売されているので小型の容器でも観賞が楽しめる。多湿の環境でも育てやすく、密閉型のテラリウムでも育成が可能だが、できるだけ蒸らさないように管理したい。

コシケシダ

Deparia petersenii var. grammitoides

○分布：日本全土
○適応：多湿　○育てやすさ：やさしい
○用途：テラリウム、アクアテラリウム、パルダリウム、ビバリウム
ナチシケシダの4倍体である本種は、標高のある環境に多く自生し、常緑性で多湿を好むシダとして知られる。シダ植物を多く販売する山野草の専門店で扱っていることが多く、近年、テラリウムにも使える着生シダとして知られるようになった。パルダリウムの壁面レイアウトに活用されるほか、流木にコケと一緒につけて楽しまれている。

オオエゾデンダ

Polypodium vulgare

○分布：北海道〜本州、熱帯アジア、アフリカ、ヨーロッパ
○適応：低湿〜多湿　○育てやすさ：やさしい
○用途：テラリウム、アクアテラリウム
ポリポディアセアエの仲間でウラボシ科。日本では、寒い地方から温暖な地方までの林床地帯に根を張る種類で、地下茎となる根茎からデンダ特有の葉を展開しながら匍匐する。レイアウトで使う場合は、根茎部分を湿った状態で保てられれば、やや乾燥した場所で活用しても葉は問題なく成長してくれる。
※林床とは森林の地表面。光が樹木によって遮られるため、日陰に強い植物や菌類などが主に生育している。

ホソバトウゲシバ

Lycopodium serratum var.serratum

○分布：日本全土、東南アジア
○適応：低湿　○育てやすさ：やさしい
○用途：テラリウム、アクアテラリウム、ビバリウム
ヒカゲノカズラ科コスギラン属に分類される直立型の風変わりなシダ植物。ある程度標高のある林床の腐葉土帯に根を張りながら、高さ 10〜20cm の直立茎で成長する。葉には鋸歯があり、１本の茎から脇芽を出して増える。レイアウトのアクセントとして使える。近縁種に「ヒロハトウゲシバ」や「オニトウゲシバ」が知られる。

ウチワゴケ *Crepidomanes minutum*

○分布：日本全土　○適応：多湿　○育てやすさ：やや難しい
○用途：ビバリウム
コケシノブ科アオホラゴケ属。和名の通り丸くシワのある葉が団扇状に広がる特徴をもつ。葉は濃い透明感のある色合いで、1cm ほどの葉が匍匐茎から密に展開する。日陰の環境を好み、石灰質である岩肌に着生しながらシートを形成する。多湿の環境をつくることができるレイアウトや、密閉型での容器では容易に育成できる。着生させる場合は、自然界と同じく岩を活用した方が良い。

マメヅタ *Lemmaphyllum microphyllum presl*

○分布：本州中部〜九州、台湾、朝鮮半島、中国
○適応：低湿〜多湿　○育てやすさ：やや難しい
○用途：テラリウム、アクアテラリウム、ビバリウム
ウラボシ科マメヅタ属。様々な環境に自生が見られる豆型のシダ植物。自然豊かな渓流沿いの樹木から岩肌、人工的な壁面などに着生している。着生根が細い茎から出て、無数の茎が網目のように張りつきながら、シート状のコロニーを形成する。レイアウトでは、自然の雰囲気が出せる素材として人気があるが、強光量での育成環境でなければ肉厚の豆葉は枯れてしまうことも多い。また、過剰な蒸れにも弱いので、風通しのある環境で育てたい。

観葉植物 Ornamental foliage plants

スパティフィラム

Spathiphyllum wallisii

○分布：中南米　○適応：低湿～多湿　○育てやすさ：やさしい
○用途：テラリウム、アクアテラリウム、パルダリウム
観葉植物として古くから流通してきたスパティフィラム属の代表種。サトイモ科特有である仏炎苞と呼ばれる花をつけ、本種の仏炎苞は白くて見応えがある。同じ仲間には、突然変異種を含む改良品種が 30 種ほど知られ、葉に白い斑が入る品種や変わり葉なども販売されている。湿地など水辺に自生しているため、基本的には水辺を好む。

アスパラガス・ナナス *Asparagus plumosus var. nanus*

○分布：南アフリカ　○適応：低湿　○育てやすさ：やさしい
○用途：テラリウム
ユリ科アスパラガス属。常緑多年草で、１年を通じて青々とした葉色を楽しめる観葉植物。株元から繊細な葉を展開し、まるでシダ植物を思わせるような葉姿が魅力的な人気種。夏季に小さな白い花をつける。低い空中湿度の環境でも丈夫に育てることが可能で、湿度の低いテラリウムでは使いやすい。

ユキノシタ

Saxifraga stolonifera

○分布：本州～九州、中国
○適応：低湿～多湿　○育てやすさ：やさしい
○用途：テラリウム、アクアテラリウム、ビバリウム
自然界では陽当たりの良い低湿度の崖や半日陰の多湿である林床に根を張って自生する。全体に産毛をもつ丸い葉が特徴。葉の形や色合い、模様に多くのバリエーションが知られており、園芸品種も多く販売されている。繁殖は、株からランナーをいくつも伸ばして、小株を形成していく。丈夫な山野草であり葉は食用になる。

オウゴンヒメセキショウ

Acorus gramineus

○分布：栽培品種
○適応：低湿～多湿　○育てやすさ：やさしい
○用途：テラリウム、アクアテラリウム
小型で葉全体が黄色みを帯びることから「オウゴン」と名づけられたサトイモ科の水生種。渓流沿いの岸壁や水辺の岩などに着生して育ち、茎や葉は菖蒲のような独特の香りをもつ。根茎から出る根は硬く、物につく力が強いため、石や流木などに着生させてレイアウトのアクセントとして使用できる。この仲間は、ほかにも小型の種類が販売されているので、本種と組み合わせて使用できる。

ピレア・グラウカ *Pilea glauca*

○分布：ベトナム、中国南部　○適応：低湿　○育てやすさ：やさしい
○用途：テラリウム、アクアテラリウム、ビバリウム
イラクサ科ピレア属。やや乾燥地帯の森林帯に自生する小型種。赤く細長な茎が絡みながら匍匐して繁茂する。レイアウトでは、繁茂した茎をこまめにトリミング（剪定）することで美しい葉の群生が楽しめる。過剰な蒸れに弱いため、空気が流れる環境やオープンテラリウムでのレイアウトで使用したい。

ピレア・グラウカ（斑入り） *Pilea glauca variegata*

○分布：ベトナム、中国南部　○適応：低湿　○育てやすさ：やさしい
○用途：テラリウム、アクアテラリウム、ビバリウム
イラクサ科ピレア属グラウカ種の斑入り突然変異を固定した品種。葉の縁に入る白い覆輪斑が美しい。ミニ観葉植物としても人気があり、多く流通している。成長がやや早いため、適度にトリミングを行いながら管理する。

フィカス・プミラ ミニマ

Ficus pumila minima

○分布：関東以西、東アジア
○適応：低湿　○育てやすさ：やさしい
○用途：テラリウム、アクアテラリウム、パルダリウム、ビバリウム
クワ科フィカス属の匍匐性常緑植物。1cm ほどの小さな葉を硬質な茎から互生（葉が茎の1つの節に1枚ずつ方向をたがえてつくこと）してつける。葉には凹凸があり明るい緑色から濃い緑色で成長し、細かい根は物に着生する性質をもつ。和名は「オオイタビ」。テラリウムやパルダリウムの両サイドや背景の壁面に這わせることで、自然の雰囲気を演出できる。

ヒメイタビ *Ficus thunbergii*

○分布：本州、四国、九州、沖縄　○適応：低湿〜多湿　○育てやすさ：やさしい
○用途：テラリウム、パルダリウム、ビバリウム
雌雄異株の常緑植物で、温暖な場所の岩肌や樹の幹などに着生して育つ。幼株時は1〜3cmほどの小さな葉で成長するが、野外の陽当たりの良い場所では木質になり、大きく成長する。小さい葉には切れ込みが見られ、テラリウムなどのケース内では矮小した状態のまま成長を遂げる。這う性質を利用して、底面や背面などに植栽して活用したい。

ネオレゲリア・アンプラセア

Neoregelia ampullacea

○分布：ブラジル中部
○適応：低湿　○育てやすさ：やさしい
○用途：テラリウム、パルダリウム、ビバリウム
ブロメリア科ネオレゲリア属。割とポピュラーな種類で、この仲間を多く扱う園芸店では日常的に販売されている。葉幅は広くやや硬い性質で、肉厚の葉に特徴的なトラ柄が際立つ種類。10cmほどのランナーを親株から伸ばして小株を形成する。乾燥には強く、インテリアとして室内での育成も容易にできる。開花の時期には美しい青い花を咲かせる。

ネオレゲリア・ファイヤーボール *Neoregelia fireball*

○分布：改良品種　○適応：低湿　○育てやすさ：やさしい
○用途：テラリウム、パルダリウム、ビバリウム
鮮やかな赤色の全草が特徴の人気種。小型の品種で、株も葉長も大きくはならないことから、レイアウトでも場所を選ばずに使える。ディスプレイ装飾に色彩の変化を出したいときにおすすめしたい。繁殖はランナーにより小株をつくる。流木やコルクなどに着生させて楽しみたい。

カトプシス・モレニアーナ

Catopsis morreniana

○分布：中米、メキシコ南部
○適応：低湿～多湿　○育てやすさ：ふつう
○用途：テラリウム、パルダリウム、ビバリウム
中米の森林帯に多く自生しているモレニアーナ種は、10cm程度にしか成長しない小型種。明るい緑色のやわらかい葉が中央部から多く展開し、小型のテラリウムでも非常に使いやすい。着生型なので、樹木を主体にした素材につけて育てたい。花は連なった白い花弁をつける。

フリーセア・ラシナエ *Vriesea racinae*

○分布：ブラジル　○適応：低湿〜多湿　○育てやすさ：ふつう
○用途：テラリウム、パルダリウム、ビバリウム
中米から南米大陸まで180種類ほどが知られているフリーセア属の1種。この仲間のなかでも最小種として知られており、近年のブロメリアレイアウトでもよく使われている人気の種。葉はカールしながら緑色が基調となり、全体に茶褐色のドット柄が入る。花茎は株の中心部分から伸びて、白い花を咲かせる。

ティランジア・レイボルディアーナ モラ
Tillandsia leiboldiana mora

○分布：栽培品種
○適応：低湿　○育てやすさ：ふつう
○用途：テラリウム、パルダリウム、ビバリウム
基本種はメキシコからコスタリカに分布するエアープランツの仲間。やわらかい葉の質感で葉裏がやや赤みを帯びる特徴をもつ。樹木に着生して成長するため、レイアウトに使う場合では流木やコルク材につけて育成する。また、意外に水分を好む。花色は美しい紫だが、屋外で紫外線を当てて育てなければ開花は望めない。

ティランジア・キアネア *Tillandsia cyanea*

○分布：中南米　○適応：低湿〜多湿　○育てやすさ：やさしい
○用途：テラリウム、アクアテラリウム、パルダリウム、ビバリウム
やや大型の部類に入るエアープランツの仲間で、全草25cmに成長する。葉長は20〜30cmに広がり、ロゼット特有の草姿に仕上がる。自然界では、主に樹木に着生して育つが、まれに地上部に自生することもある。ティランジアの仲間を主体にしたテラリウムでは、センタープランツとして活躍してくれる。花色は紫の花弁を咲かせる。

クリプタンサス・グリーン
Cryptanthus Green

○分布：ブラジル
○適応：低湿〜多湿　○育てやすさ：やさしい
○用途：テラリウム、アクアテラリウム、パルダリウム、ビバリウム
ブロメリア科のポピュラーな種類で、英名は「アーススター」。園芸業界では、「グラウンドブロメリア」とも呼ばれ、本種が地上に自生することが読みとれる。クリプタンサスは隠れた花という意味。主にアマゾンの森林帯の地面に自生しており、地上株の色彩豊かな群生は美しい。葉の縁に細かいノコギリ状の棘があるため、扱いには注意したい。

クリプタンサス・ヴィタートゥス ミノール

Cryptanthus bivittatus minor

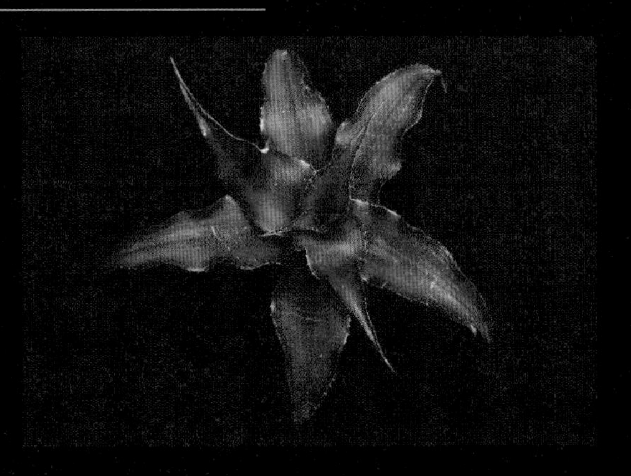

○分布：ブラジル
○適応：低湿～多湿　○育てやすさ：やさしい
○用途：テラリウム、パルダリウム、ビバリウム
ブロメリア科に属する人気の赤系クリプタンサスのミノール種。この仲間は、園芸品種も多く存在し、海外のナーセリー（農場）や個人愛好家の間で交配品種が多く作出されている。目立たない花芽をつけるが、レイアウト内で確認することは難しい。基本的には葉の姿を楽しむ観葉植物として知られている。

ドッシノキルス・タートルバック

Dossinochilus Turtle Back

○分布：改良品種　○適応：多湿　○育てやすさ：やや難しい
○用途：テラリウム、ビバリウム
「ジュエルオーキッド」と呼ばれる宝石蘭の交雑種で、D．マルモラータ種と、A．フォーモサヌス種との掛け合わせにより固定化された品種。原種も多く記載される一方で、ジュエルオーキッドの仲間は改良品種も多く作出されているため、品種としての価値観や注目度が高い。葉には全体的に輝く網目模様が見られ、独特の質感を感じることができる。湿度を好む種類が多いので、水際でも育成できる。

ペリオニア・レペンス *Pellionia repens*

○分布：ベトナム、マレー半島　○適応：低湿〜多湿　○育てやすさ：やさしい
○用途：テラリウム、パルダリウム、ビバリウム
分布域の熱帯ジャングルに広がる森林帯の地上に這うように成長する匍匐型植物。自生地では日陰に多く見られることから、レイアウト環境でも低光量下で育てることができる。常葉の見た目の色合いも独特であるが、新芽は赤もしくはピンク色で展開する。成長が早く、あっという間に伸長してしまうので、適度にトリミングを行うようにしたい。

エピスシア・クレオパトラ
Episcia cupreata Cleopatra

○分布：熱帯アメリカ
○適応：多湿　○育てやすさ：やや難しい
○用途：テラリウム、ビバリウム
別名「ピンクブロケード」と呼ばれる、ピンク色を基調とした変わり植物。この属は９種類が熱帯アメリカに分布しており、美しい色彩の観葉植物として扱われている。花はオレンジ色で、繁殖はランナーで増えてくれる。寒さに弱く、室温が20℃を切る環境では成長が悪くなり、枯れてしまうこともある。

マコデス・サンデリアーナ *Macodes sanderiana*

○分布：ボルネオ、スマトラ、パプアニューギニア　○適応：多湿　○育てやすさ：やや難しい
○用途：テラリウム、パルダリウム、ビバリウム
原種のジュエルオーキッドの仲間で、マコデス属のなかでも特に葉の模様が美しい種類。金色に輝く葉脈は、育成レイアウトでも存在感を醸し出し、まさに宝石と言える存在となる。多湿と強光量を好み、状態が良いと節間から新芽を出して分岐で増える。

ハクチョウゲ

Serissa japonica

○分布：沖縄、中国、タイ、インド
○適応：低湿　○育てやすさ：やさしい
○用途：テラリウム、アクアテラリウム
アカネ科ハクチョウゲ属の低木植物。海外では、古くから盆栽にも使われてきた種類で、樹質を基調とした全草。日本では「白丁花」と表記され、ミニ盆栽もつくられてきた。写真の種類は、葉の縁に白い斑が覆輪として入り、桃色の花をもつ。小さい株が流通するようになり、小型のテラリウムでも使われるようになった。乾燥にも強く、オープン型のアクアテラリウムにもおすすめできる。

ポリシャス・バタフライ

Polyscias Butterfly

○分布：アジア、オーストラリア、アフリカ
○適応：低湿　○育てやすさ：やさしい
○用途：テラリウム、アクアテラリウム
ウコギ科タイワンモミジ属の樹木型熱帯植物。和名は「タイワンモミジ」。各分布域におよそ100種類が記載される仲間で、観葉植物としてもポリシャスが流通、販売されるようになった。育成は比較的容易。明るい環境が用意できれば問題なく育てられるので、テラリウムでの照明下でも楽しめる。

ハティオラ・サリコルニオイデス *Hatiora salicornioides*

○分布：ブラジル　○適応：低湿　○育てやすさ：やさしい
○用途：テラリウム
サボテン科リプサリス属の多肉植物。サボテンの仲間のなかでは珍しく樹木の枝に着生する。枝は細長く立ち上がり、節ごとに枝が膨らみを出して成長する。開花の時期には、小さい黄花を枝先につける。強い光を好むため、育成には紫外線を当てるか、強い光源が得られる照明器具を活用したい。

ハエトリソウ *Dionaea muscipula*

○分布：北米　○適応：多湿　○育てやすさ：やや難しい
○用途：テラリウム、アクアテラリウム
別名「ハエジゴク」と呼ばれ、食虫植物の世界では古くからポピュラーな種類。現在では、海外で交雑された品種も多く存在し、明るい緑色と濃い赤色が基本となる珍しいタイプも販売されている。虫を捕らえる部分には、感覚毛と呼ばれる棘があり、虫が触れた２回の振動で補虫葉が閉じる仕組みになっている。湿原に自生するため、水際などに植栽し、強い光量環境でほかの食虫植物と楽しむのも面白い。

ウサギゴケ
Utricularia sandersonii

○分布：南アフリカ
○適応：多湿　○育てやすさ：やさしい
○用途：アクアテラリウム、ビバリウム
タヌキモ科ミミカキグサ属の小型の地中性食虫植物の仲間。暖かい季節に園芸店でもよく販売されている、ウトリクラリアの１種。地中茎から伸びる花の形がウサギの顔に似ることから、この和名がつけられた。５mm 程度の小さな葉を密集させながら、地中にある補虫嚢で微小な虫を捕らえて栄養を補う。水際で繁茂して葉の絨毯を形成する。

水草 Aquatic plants

ウィローモス

Taxiphyllum barbieri

○分布：世界中の温帯〜熱帯　○水温：20〜28℃　○育てやすさ：やさしい
○用途：アクアテラリウム、ビバリウム
アクアリウムの世界で古くから流通している水生コケの代表種。ウィローモスという英名が使われており、和名となる「ヤナギゴケ」は別種の水生コケ。ウィローモスとして一般的に流通しているのは本種のタキシフィルム属。着生する特性をもち、石や流木に活着させて使用する。また、水上育成も可能なのでアクアテラリウムでは濡れた岩肌や流木につけて水上葉として楽しむこともできる。水中、水上とも分岐で増える。

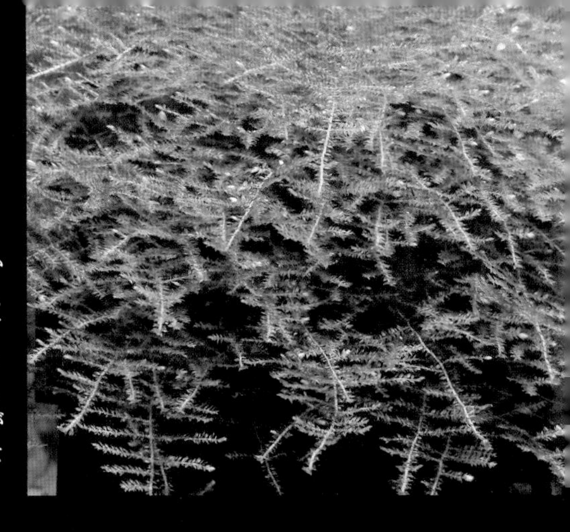

南米ウィローモス

Vesicularia sp.

○分布：ブラジル
○水温：25℃　○育てやすさ：やさしい
○用途：アクアテラリウム、ビバリウム
南米産の水生コケの１種。ブラジルのパンタナールから輸入された熱帯魚に混じっていた草体が増やされ、アクアリウムの世界で流通するようになった。東南アジアに広く分布がある「ジャワモス」に似ていることから、この種が南米ウィローモスとして販売されることも多い。葉は成長に伴い分岐して三角形になるのが特徴。弱酸性の水質を好み、明るい照明下では見事な草姿に成長する。

リシア *Riccia fluitans*

○分布：北半球の温帯～熱帯　○水温：20～28℃　○育てやすさ：ふつう
○用途：アクアテラリウム、ビバリウム
和名「カズノゴケ」と呼ばれる水生の浮きゴケの仲間。自然界では、湧水を起源とする水中や、水田域の泥上にも自生する。別名は「ウキゴケ」であり、浮力があるため水面に浮いて塊を形成する。アクアリウムでは前景部に沈めて使用される。陸生型でも育てることができるため、アクアテラリウムの水際に使われることもあるが、着生はしない。二叉の明るい緑色の葉が重なり合う姿は美しい。

アヌビアス・ナナ *Anubias barteri var. nana*

○分布：西アフリカ　○水温：25℃　○育てやすさ：やさしい
○用途：アクアテラリウム、ビバリウム
西アフリカの河川域に自生するサトイモ科の水生種。現地では、水際の岩に着生しながら水上型で育っているが、環境によっては水中で沈水葉として繁茂する。アクアリウムの世界ではポピュラーな種類で、丈夫な水草として販売されている。根が着生する力は強く、石や流木にテグスなどで固着して活用する。水中、水上ともに小型の水芭蕉に似た仏炎苞を咲かせる。

アヌビアス・ナナ プチ

Anubias barteri var. nana mini

○分布：突然変異種
○水温：25℃　○育てやすさ：やさしい
○用途：アクアテラリウム、ビバリウム
アヌビアス・ナナの突然変異としてシンガポールの水草ファームで固定された矮小型の小型種。アヌビアス・ナナと同じく、水中、水上どちらでも容易に育てることが可能。石や流木に着生させて楽しめるほか、湿度の高い環境では水上型の地植えでもレイアウトに使える。

ブセファランドラ

Bucephalandra spp.

○分布：インドネシア（カリマンタン）
○水温：25～28℃　○育てやすさ：やさしい
○用途：アクアテラリウム、パルダリウム
自生地では、渓流域に見られる水生サトイモ科植物で、水の流れ近くの岩肌に着生して繁茂する小型種。これまで数多くの未記載種が発見されており、基本的には葉が細長く波打つ（ウェーブをもつ）特徴が見られ、葉や茎の色合いも緑色から濃い緑色、茶褐色などのバリエーションが知られている。アクアリウムでは水中葉で楽しまれているが、水上葉で育成を楽しみながら、この仲間特有である花の仏炎苞も観賞できる。

ボルビティス・ヘウデロッティ *Bolbitis heudelotii*

○分布：西アフリカ　○水温：25℃　○育てやすさ：やさしい
○用途：アクアテラリウム
「アフリカミズシダ」の和名をもつ水生シダ植物の代表種。アクアリウムの世界で古くから知られてきた種類で、丈夫な水草としてレイアウトに多く使われてきた。横に這う根茎から葉柄を伸ばし、透明感のある濃緑色の葉を展開する。根茎から出る黒い根は着生力があり、石や流木につきながら成長する。アクアテラリウムでは、水上葉でも楽しめる。

ミクロソルム・プテロプス *Microsorum pteropus*

○分布：南西諸島、東南アジア各国　○水温：25℃　○育てやすさ：やさしい
○用途：アクアテラリウム、パルダリウム、ビバリウム
丈夫な水草として昭和中期からアクアリウムで多く使われてきた水生シダの仲間。現在も世界の水草ファームから輸入されるポピュラーな種類で、主に水上葉で販売される。産地による葉のバリエーションが多く知られており、コレクション性もある。葉裏に出る胞子嚢から小株を出してよく増える。高温に弱い面もあるので、水温または室温管理には注意したい。

クリプトコリネ・ウェンティーグリーン
Cryptocoryne wendtii Green

○分布：スリランカ
○水温：25℃　○育てやすさ：やや難しい
○用途：アクアテラリウム
アクアリウムレイアウトでは、前景部に使われてきた水生のサトイモ科植物。本種のグリーン系を基調としたブラウン系の色彩バリエーションも知られ、海外の水草ファームでは多くの改良品種も生産されている。基本的には、水中葉で育成を楽しむ種類であるが、多湿の環境下では水上型でも育成が可能。水質・水温変化により、全草が溶けてしまうことがあるので環境変化には注意したい。

クリプトコリネ・パルバ

Cryptocoryne parva

○分布：スリランカ
○水温：25℃　○育てやすさ：やや難しい
○用途：アクアテラリウム

小型のクリプトコリネ属でヘラ状の細長い葉をもつ種類。アクアリウムレイアウトでは、前景部に密集させて用いる、いわゆる前景草の用途で使われてきた。繁殖は株元からランナーを出して小株をつくり、絨毯のように繁茂させることができる。近縁種に「ネビリー」という種類が知られ、本種と同じく背丈が低い小型種となる。

エキノドルス・テネルス *Echinodorus tenellus*

○分布：北米、南米　○水温：25℃　○育てやすさ：やさしい
○用途：アクアテラリウム

主に南米に分布のあるオモダカ科の水生植物の小型種。いわゆるアマゾンソードの仲間で、「ピグミーチェーンアマゾン」の別名をもつ。葉は繊細で細長く、水中葉は光量により緑色から茶褐色へと変化して育つ。繁殖はランナーにより小株をいくつも出して、次々と容易に増える。弱酸性の水質を好み、25℃前後で調子良く育つ。

ピグミーチェーンサジタリア

Sagittaria subulata var. pusilla

○分布：北米
○水温：25～28℃　○育てやすさ：やさしい
○用途：アクアテラリウム
オモダカ科の湿地性水生植物であるサジタリア属の小型種。アクアリウムの世界で古くから使われてきたチェーンサジタリアの仲間。カールする水中葉が特徴的で、前景水草として人気が根強い。葉の基部から出すランナーにより小株を形成して繁殖する。

ヘアーグラス *Eleochalis acicularis*

○分布：日本全土、東南アジア、インド　○水温：20～28℃　○育てやすさ：やさしい
○用途：アクアテラリウム
カヤツリグサ科のエレオカリス属。水田域や湖沼に自生する針のような細い葉の水生植物で、「マツバイ」の和名をもつ。育成では、ソイルを好み、地中でランナー株をいくつも伸ばして、芝生のような見事な景観が楽しめる。成長により葉の丈が 10cm を超えることがあり、適度なトリミングが必要となる。水際であれば水上型でも育成できる。

ピグミーアコルス

Acorus gramineus var. pusillus

○分布：日本全土、中国、ベトナム
○水温：20〜28℃　○育てやすさ：やさしい
○用途：テラリウム、アクアテラリウム
サトイモ科の渓流植物。山野草の世界ではグランドカバーに使われることも多く、庭植物としても人気がある。日本の渓流域では、流れ近くの岩肌に着生しながら、細長い葉を密につけて自生する。葉の長さは15cmほどで、古くからアクアリウムにも多用されてきた。沈水葉を展開するが、葉の長さは5cmほどに小型化してしまう。

グロッソスティグマ・エラティノイデス *Glossostigma elatinoides*

○分布：オーストラリア　○水温：25℃　○育てやすさ：やや難しい
○用途：アクアテラリウム
「ハビコリハコベ」の和名がつく小型の水生植物。アクアリウムの世界では、前景水草として人気がある。基本的には、茎が立ち上がりながら成長する有茎草の仲間であるが、光量が強い環境下では這うように成長する。繁茂すると、行き場を失って互いに重なるように成長してしまうので、こまめなトリミングが必要。群生美が魅力。

キューバパールグラス

Hemianthus callitrichoides

○分布：中米
○水温：25℃　○育てやすさ：やさしい
○用途：テラリウム、アクアテラリウム、ビバリウム
水上葉、水中葉ともに非常にやわらかい丸葉をもつ水生植物。鮮やかな緑色の草姿が目を引く水草として、レイアウトでも人気がある。水辺での植栽でも育成が可能で、湿度の高いテラリウムでも匍匐して育てることができる。水中葉は、上に向かって伸びるので、水深の低い場所ではこまめにトリミングを行って管理する。

ロタラ・インディカ

Rotala indica var. uliginosa

○分布：日本全土、東南アジア
○水温：25℃　○育てやすさ：やさしい
○用途：テラリウム、アクアテラリウム
「キカシグサ」の和名をもつ有茎水草で、日本では水田雑草として知られる。アクアリウムの世界では、主に東南アジアの水草ファームで生産された草体が販売されている。光量によって葉の色合いが変化し、強い光量下で育てることで赤みを帯びて成長する。非常に丈夫な種類で、水上型でも節間から脇芽を出して繁茂する。

オーストラリアン・クローバー

Hydrocotyle tripartita

○分布：オーストラリア　○水温：25℃　○育てやすさ：やさしい
○用途：テラリウム、アクアテラリウム、ビバリウム
「オーストラリアンノチドメ」という商品名でも販売されている。葉に切れ込みのある特徴をもち、ヒドロコティレ属のなかでも小型。基本的に水上葉の状態で販売される。水中葉、水上葉ともに葉の形状は変わることがなく、1 cmに満たない小型の葉で密集してコロニーをつくる。アクアリウムでは前景用として活用されるが、テラリウムやビバリウムでは水上型で育てられる。

ウォーターマッシュルーム

Hydrocotyle verticillata

○分布：北米、南米
○水温：25℃　○育てやすさ：やや難しい
○用途：テラリウム、アクアテラリウム
丸い葉を展開するウォーターマッシュルームの仲間。「ウチワゼニグサ」の和名をもち、「ペニーウォート」の英名をもつ水生植物。ほかの種類では見られないコイン型の面白い葉を展開して育つ。海外では古くからテラリウムやアクアテラリウムに使われてきた仲間で、基本的には水上葉で楽しむ。

ピグミーバイオレット

Dichondra micrantha

○分布：本州、四国、九州、中国、東南アジア
○水温：20〜25℃　○育てやすさ：やさしい
○用途：テラリウム、アクアテラリウム、ビバリウム
アクアテラリウム向きの植物として販売されてきた、背丈の低いディコンドラ属の1種。ハート型に近い、かわいらしい葉を無数につけて水辺で繁茂する。水中葉はつくらないので、基本は陸上育成で楽しむ。低光量でも育てることが可能だが、できるだけ明るい環境で育成したい。繁殖は容易で、茎から多くの脇芽を出す。

サルビニア・ナタンス *Salvinia natans*

○分布：日本全土、アジア、ヨーロッパ　○水温：20〜25℃　○育てやすさ：やさしい
○用途：アクアテラリウム
浮き草として知られる日本を代表する種類。葉が山椒の葉に似ることから「サンショウモ」の和名がつけられた。本種は、見た目からは想像できないシダ植物であり、秋口には黒い根に見える葉の基部から小さな胞子をつける。基本的には光さえ十分な環境であれば育てやすいが、低光量下では全体が萎縮して成長が止まってしまう。分岐繁殖（葉の基部から新芽を出す）で増える。

フィランサス・フルイタンス *Phyllanthus fluitans*

○分布：南米　○水温：20～27℃　○育てやすさ：やさしい
○用途：アクアテラリウム
アマゾン河流域に分布が広がる南米大陸を代表する浮き草の仲間。浮力の強い丸い葉がいくつも重なり、赤い根と赤い葉が大きな特徴となる。アクアリウムでも親しまれている浮き草で、アクアテラリウムの水面でも十分に楽しむことができる。ただし、強光量で育成しないと葉が小さくなってしまうので、光源には注意したい。

アマゾンフロッグビット

Limnobium laevigatum

○分布：南米
○水温：25℃　○育てやすさ：やさしい
○用途：アクアテラリウム
「アマゾントチカガミ」の和名があり、葉裏にスポンジ状の膨らみをもつリムノビウム属。葉は心臓型をしており、古くからアクアリウムで人気がある浮き草。近縁種にさらに小さい別種の「ドワーフフロッグビット」も存在する。この仲間は繁殖力も旺盛で、１株から多くの小株を出して容易に増える。水中に伸びる長い根は、水質浄化作用がある。

コバルトヤドクガエル *Dendrobates azureus*

○分布：スリナム南部　○体長：5 cm　○室温：25℃　○エサ：活きエサ　○育てやすさ：やや難しい
コバルトブルーの体に黒い斑点をもつヤドクガエルの代表種。野生種は体全体の皮膚に猛毒をもっているが、主に海外から輸入される飼育下繁殖（CB；Captive Breed）個体は毒性をもたないため、問題なく飼育を楽しむことができる。エサは、ショウジョウバエが基本で、ヤドクガエルを扱う専門店で販売されている。ビバリウムで楽しめる魅力あふれるカエル。

ヒイロフキヤガエル

Phyllobates bicolor

○分布：コロンビア　○体長：4cm
○室温：25℃　○エサ：活きエサ
○育てやすさ：やや難しい
別名「アシグロフキヤガエル」と呼ばれるヤドクガエルの1種。バトラコトキシンという猛毒をもつ種類で知られているが、飼育下繁殖個体は毒性が弱いため、飼育に関しては問題なく楽しめる。雨林帯が主な生息環境で、水辺に近い場所に棲んでおり、産卵期では孵化したオタマジャクシを雄が水辺に運ぶ。小型の昆虫類を好み、飼育下では市販のショウジョウバエやコオロギを与える。小型のビバリウムで飼育が楽しめる。

クランウェルツノガエル *Ceratophrys cranwelli*

○分布：ブラジル、パラグアイ、アルゼンチン、ボリビア
○体長：15cm　○室温：25℃　○エサ：活きエサ　○育てやすさ：やさしい
南米大陸に分布する人気のツノガエルで、多くの色彩バリエーションが品種として販売されている。近縁種である「ベルツノガエル」との交雑種も知られ、オタマジャクシから幼体、10cmほどの個体までが流通している。動くものに興味を示し、すぐに飛びつくので、エサやりは行いやすい。最近では、ツノガエル専用に開発された人工飼料も販売されている。サイズがあるカエルだが、ビバリウムで工夫して楽しみたい。

アカハライモリ *Cynops pyrrhogaster*

○分布：本州、四国、九州　○体長：10cm　○水温：15〜25℃　○エサ：人工飼料、冷凍飼料
○育てやすさ：やさしい
日本固有の有尾類で、自然豊かな里山から山間部の水辺に生息する。腹側に赤もしくは朱の色彩をもつのが大きな特徴で、東日本と西日本の個体群では色彩や模様が異なる。水陸両用で飼育が楽しめ、水中と陸地をレイアウトしたアクアテラリウムでの飼育が特におすすめ。産卵期の雄は、尾全体が青紫に色づき、美しい婚姻色が出る。

シリケンイモリ

Cynops ensicauda

○分布：奄美大島、沖縄　○体長：15cm
○水温：20〜25℃　○エサ：人工飼料、冷凍飼料
○育てやすさ：やさしい
渓流域や水辺などに生息する有尾類。和名は尾の形状が幅広く剣に似ていることに由来する。現在では「アマミシリケンイモリ」と「オキナワシリケンイモリ」として分けられている。背中や脇腹などに斑紋が入る個体が知られ、特に沖縄地方に生息する個体の多くに斑紋が入る。本種もアカハライモリ同様、アクアテラリウムの飼育環境が望ましい。

メキシコサンショウウオ

Ambystoma mexicanum

○分布：メキシコ　○体長：20cm　○水温：20〜25℃　○エサ：人工飼料、冷凍飼料
○育てやすさ：やさしい
一般的には「ウーパールーパー」と呼ばれる大型有尾類の仲間で、別名「アホロートル」。寒い季節に産卵期を迎え、体長3cmほどの幼体から10cmほどの個体が多く販売される。バリエーションも6タイプ知られており、人気の「リューシスティック」や「アルビノ」「ゴールデン」「マーブル」「ブラック」「ブルー」などの色彩変異が流通している。幼体から変態せずに外鰓（がいさい）をつけたまま一生を水中で過ごす。

トラディショナル・ベタ

Betta splendens var.

○分布：改良品種　○体長：8cm　○水温：25℃
○エサ：人工飼料　○育てやすさ：やさしい
東南アジアのタイで作出されたベタ・スプレンデンスの改良品種。様々なバリエーションの色彩と模様が品種として登録されている。アクアリウムショップでは、定番の熱帯魚として販売され、自ら空気呼吸する魚として「ラヴィリンスフィッシュ」とも呼ばれる。雄同士は争うため、1匹（単独飼育）で楽しみたい。
※ベタはエラ上部にある特殊な補助呼吸器官「ラビリンス器官」により空気呼吸を行える。

アカヒレ *Tanichthys albonubes*

○分布：中国南部　○体長：4cm　○水温：18～27℃　○エサ：人工飼料　○育てやすさ：やさしい
アクアリウムフィッシュとして古くから販売されてきた、最もポピュラーなタニクティス属。ろ過器のついていない小さな容器などでも容易に飼える。雄の発色時には、各ヒレが白く縁取られ、体側のラインも目立つ。水生のコケなどに産卵して、いつの間にかに稚魚が泳いでいることもある。

サイアミーズ・フライングフォックス
Crossocheilus siamensis

○分布：タイ、マレーシア、インドネシア
○体長：10cm　○水温：25～28℃
○エサ：藻類、人工飼料　○育てやすさ：やさしい
水槽内の水草などに付着するヒゲ状のコケを食べてくれる「コケ取り魚」のなかでも特に人気が高い。日本では古くから飼育されている、歴史ある熱帯魚。性質はおとなしく、ほかの魚を攻撃しないため混泳も可能。派手な色味のない魚であるが、その渋さがまた良い。

オトシンクルス

Otocinclus vittatus

○分布：南米　○体長：5 cm　○水温：25℃
○エサ：コケ類（茶コケ）　○育てやすさ：ふつう
ポピュラーな小型ナマズの仲間。水槽のガラス面や、水草、レイアウトアイテムなどに発生する厄介なコケを好んで食べるため、コケ取り魚として水槽に導入されることが多い。飼育自体は難しくないが、輸入時の状態が悪いことがあるため、購入時には注意が必要。

エンドラーズ・ライブベアラー *Poecilia wingei*

○分布：ベネズエラ　○体長：3 cm　○水温：25℃　○エサ：人工飼料　○育てやすさ：やさしい
エンドラーズは熱帯魚の世界で最もポピュラーなグッピーの原種。改良グッピーのような大きな尾ビレはもっていないが、原種独特の色合いと特徴的な体形をもつ。卵胎生メダカの仲間なので、お腹のなかで卵を受精して、稚魚の状態で産卵する。数多くのタイプバリエーションが存在するため、お気に入りの色彩を探して飼育するのも楽しみのひとつ。

プラティ

Xiphophorus maculatus var.

○分布：メキシコ　○体長：５cm　○水温：25℃
○エサ：人工飼料　○育てやすさ：やさしい
グッピーと並び最もポピュラーな卵胎生メダカの代表種。古くから多くのアクアリストたちに親しまれている。現在も続々と新たな品種が作出されており、様々な色彩の品種がファンを楽しませてくれている。飼育、繁殖ともに容易で、見た目もかわいいことから、熱帯魚飼育の入門種として絶対的な地位を確立している。ペアで購入すれば、新しい生命の誕生に立ち会うこともでき、稚魚のかわいらしさが楽しめる。

アフリカン・ランプアイ *Poropanchax normani*

○分布：西アフリカ　○体長：３cm　○水温：25℃　○エサ：人工飼料　○育てやすさ：やさしい
眼の上が青く輝く、美しい小型卵生メダカの１種。水面下を群泳させるとさらに美しさが際立つ。おとなしい性質のため飼育は容易。水草中心の混泳水槽での飼育に向いた人気種で、アクアテラリウムにもおすすめできる。状態良く飼育すれば繁殖も狙える。

楊貴妃（メダカ） *Oryzias latipes var.*

○分布：改良品種　○体長：4 cm　○水温：20℃　○エサ：人工飼料　○育てやすさ：やさしい
古くから存在していた観賞用メダカの「緋メダカ」から、赤の濃い色合い系統で改良が進められた品種にこの名がつけられた。今では日本だけではなく海外からも注目されている、赤いメダカの代表品種。野外の紫外線環境ではより赤みが際立つことから、ビオトープで人気があるが、室内飼育下でもその色彩を十分に楽しめる。

幹之（メダカ）

Oryzias latipes var.

○分布：改良品種　○体長：4 cm　○水温：20℃
○エサ：人工飼料　○育てやすさ：やさしい
日本の原種メダカから作出された改良種で、大人気の品種。特徴はなんといっても口元から尾筒まで背中に伸びる1本のプラチナライン。体全体が青みを帯びて輝き、さらに青く光る色彩が各ヒレに美しく乗る。日本の山野草を使ったアクアテラリウムでこのメダカを楽しむのもおすすめ。

ヤマトヌマエビ *Caridina multidentata*

○分布：関東以西　○体長：5 cm　○水温：15〜25℃　○エサ：藻類、人工飼料　○育てやすさ：やさしい
コケを食べてくれるエビ（メンテナンスシュリンプ）として最もポピュラーなヌマエビの仲間。主にアクアリウムショップで販売されている。日本の渓流域に生息しており、飼育は難しくないが、小卵型の仲間なので水槽内で繁殖させることはできない。水草やレイアウトアイテムなどに付着する黒いヒゲ状のコケ類やアオミドロなどを好んで食べてくれる。
※小卵型のエビは淡水の環境下では繁殖しない。

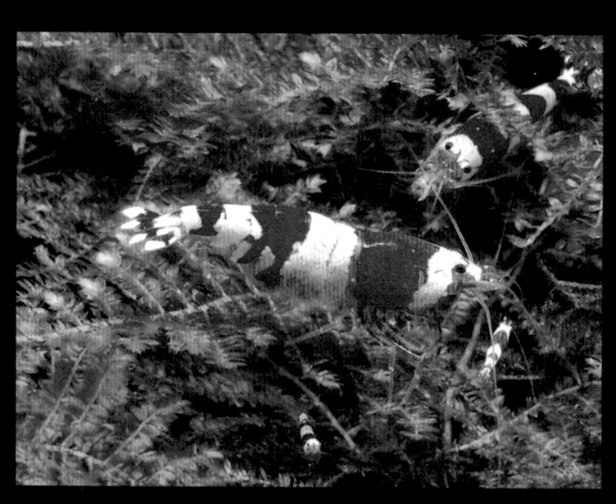

レッド・ビーシュリンプ

Neocaridina sp.

○分布：改良品種　○体長：2〜3 cm
○水温：25℃　○エサ：藻類、植物性人工飼料
○育てやすさ：やさしい
日本で作出された紅白が印象的なビーシュリンプの人気種。今なお、世界で改良が楽しまれる魅力的な仲間で、紅白バンドタイプを筆頭に、日の丸タイプやモスラタイプといった美しいバリエーションも存在する。水槽内では、水草やレイアウトアイテムに付着する藻類も食べてくれるため、メンテナンスシュリンプとしても活躍してくれる。水槽内で容易に繁殖が望める。

レッドチェリー・シュリンプ *Neocaridina denticulata sinensis var.*

○分布：台湾　○体長：２cm　○水温：25℃　○エサ：藻類、人工飼料　○育てやすさ：やさしい
濃い赤の発色がすばらしいヌマエビの１種で、ミナミヌマエビ“レッド”などの名前でも流通している。飼育、繁殖ともに容易で、初心者にも飼育しやすく、日本でも人気がある。近縁種にイエローチェリーシュリンプ、オレンジチェリーシュリンプなどが知られ、カラーバリエーションも楽しめる。

バンパイアクラブ・カリマンタンオレンジ

Geosesarma sp.

○分布：インドネシア　○体長：４cm
○水温：23〜27℃　○エサ：人工飼料
○育てやすさ：やや難しい
小型のカニの仲間。体全体に特徴的なオレンジの色合いをまとう人気の外産種。インドネシア領カリマンタン島の渓流域など、やや湿った環境に生息が見られ、基本的には陸生であるが、ときに水中に潜ることもある。そのため、水際でも飼育が楽しめる。アクアテラリウムでは脱走対策が必要。

サワガニ *Geothelphusa dehaani*

○分布：本州～九州　○体長：４cm　○水温：15～25℃　○エサ：人工飼料　○育てやすさ：やさしい
山奥の渓流域、もしくは沢沿いの林床内などに生息する日本では唯一の淡水性のカニ。生息場所によって体色の違いが見られ、一般的には赤いサワガニが有名。なかには、甲羅が青みを増し、脚とハサミが白い個体群なども知られる。大卵型で純淡水でも殖やすことが可能で、アクアテラリウムやビバリウムでも繁殖できる。

イシマキガイ

Clithon retropictus

○分布：関東以西、台湾、インドネシア
○体長：２～３cm　○水温：15～28℃
○エサ：コケ（珪藻類）　○育てやすさ：やさしい
汽水域から淡水域に生息する巻貝の仲間。水槽内に発生する厄介なコケ類を食べてくれることから、アクアリウムの世界では古くから人気がある。白い粒状の卵が各所に産みつけられ、稚貝は海水域で成長する繁殖形態のため、淡水環境では殖やすことができない。

— Column —

生きものをどこで揃えるか

園芸専門店やホームセンターのガーデンコーナーでは、たくさんの種類の植物が販売されています。そのなかにはテラリウムやアクアテラリウムに使用できるものも多種あります。さらに今では珍しい種類のエキゾチックプランツを用いる愛好家も増えています。珍しい、ということは高価で貴重なわけですが、そんな植物もレイアウトに取り入れられているのです。テラリウムやアクアテラリウムに力を入れているショップでは、熱帯植物の販売も多く見られ、個性豊かな植物に出会うことができます。

アクアテラリウムでの水辺もしくは水中で楽しむ水草は、アクアリウムショップでの入手がおすすめです。水生のコケの仲間なども水草として揃えられていますし、知識が豊富なショップスタッフがいればいろいろ質問ができ、販売している水草の管理も適切です。また、小型の熱帯魚や人気の改良メダカも水草と同時に選べますので、アクアテラリウムを楽しみたい人にはとても便利な場所でしょう。ビバリウムで飼育する両生類や有尾類は、エキゾチックアニマル専門店で多くの種類が販売されています。海外産だけでなく、日本産のカエルやイモリの仲間、また生体に与える活きエサなども購入できます。生体が順調に育ってくれるかどうかは、購入時の健康状態が影響しますので、知識や経験が豊富な専門店で相談すると良いでしょう。

そのほか、自然の雰囲気づくりに欠かせない流木、天然石の飾り石、化粧砂などの底床砂、ソイルなど必要なものは、アクアリウムショップなどの専門店に行けば、たくさんの種類のなかから選ぶことができます。さらに、そのような専門店ではChapter.1で紹介したような見本となるレイアウトが展示されています。タイミングによっては制作途中に立ち会えるかもしれません。眺めて楽しむだけでなく、テラリウムづくりの参考にしてみてはいかがでしょうか。

生体から器具まで
必要なものが揃う
ショップ風景

著者

佐々木浩之（ささき ひろゆき）

1973 年生まれ。水辺の生物をメインテーマとしている写真家。飼育下、野生下にかかわらず、好奇心の赴くままに生きものの面白さや美しさを探求している。なかでもアクアリウムの写真に定評があり、鑑賞魚や水草などを状態良く育て、生きものが最も美しい、躍動感あふれる一瞬をとらえる撮影法は高い評価を得ている。また、10 歳から熱帯魚などを飼っているベテラン飼育者でもある。その活動範囲は国内だけでなく、東南アジアなどのフィールドにも及び、生きものの収集や撮影などを行い、それら実践に基づいた飼育情報や生態写真を雑誌等で発表している。本書では企画および撮影、一部執筆を担当。主著に『ザリガニ飼育ノート』『メダカ飼育ノート』『金魚飼育ノート』『熱帯魚：選び方、水槽の立ち上げ、メンテナンス、病気のことがすぐわかる！』（誠文堂新光社）、『エアプランツ アレンジ＆ティランジア図鑑』『苔ボトル 育てる楽しむ癒しのコケ図鑑』（電波社）、『育てる楽しむ癒しの苔ボトル』『苔ボトル 楽しく育てる癒しのコケ図鑑』『珍奇植物 ビザールプランツ完全図鑑』（コスミック出版）。

戸津健治（とつ けんじ）

1971 年生まれ。幼少時より水槽を使ったジオラマディスプレイや、アクアテラリウムの制作を行いながら観賞魚飼育を楽しむ。観賞魚の輸入問屋、アクアリウムショップで得た経験をアクアリウム専門誌で発表してきたほか、水槽レイアウトコンテストではアクアテラリウム部門で賞を獲得。現在は、フィールドワークで自然を観察しながら、得意とする水生植物や山野草、コケ植物などの楽しみ方を提案する仕事に携わっている。本書では執筆を担当。主著に『育てる楽しむ癒しの苔ボトル』（コスミック出版）など『苔ボトル』シリーズ。

協力：ロイヤルホームセンター・千葉北店、（有）ワンズモール・高橋義和、（有）ピクタ、アテラリサーチ、TOP インテリア・奥田信雄、アクアフィールド・織田浩貴、永代熱帯魚・水草ファーム、ヒロセペット、アクアステージ 518、アクアテイラーズ東大阪本店、名東水園リミックス、ヒーローズピッチャープランツ、アクアテイクーE、アクアショップ Arito、（株）アクアデザインアマノ、（株）チャーム、ジェックス（株）、（株）クレインワイズ、熊谷晋吾、アイテム・藤川清、ZERO PLANTS・小野健吾

部屋で楽しむテラリウム　つくる・育てる・癒される

2020 年 8 月 20 日　第 1 刷発行

著　者……佐々木浩之、戸津健治
発行者……森田　猛
発行所……株式会社 緑書房

〒 103-0004
東京都中央区東日本橋 3 丁目 4 番 14 号
TEL　03-6833-0560
http://www.pet-honpo.com

編　集……池田俊之、川西　諒
デザイン……ACQUA
印刷所……廣済堂

ISBN 978-4-89531-563-0　Printed in Japan